AF569233

Dieter Bechthold · Miniteich-Fibel

Dieter Bechthold

Miniteich-Fibel

Attraktive Ideen für Balkon, Terrasse und Garten

Dähne Verlag

Fotonachweis:
Alle Fotos, außer den unten genannten, sind vom Autor.
Titelfoto: Friedrich Strauss

S. 6-7/74-75: inubi, stock.adobe.com; S. 12: Friedrich Strauss; S. 13 unten links: Bruehne; S. 24 unten: Friedrich Strauss; S. 25: Friedrich Strauss; S. 33 links: reeel, stock.adobe.com; S. 38: Friedrich Strauss; S. 42: Marén Wischnewski, stock.adobe.com; S. 43: Friedrich Strauss; S. 60/61: Edda Dupree, stock.adobe.com; S. 91: Mipa Photo, stock.adobe.com; S. 99: Flora Press/Barbara Ellger; S. 100: Flora Press/Royal Horticultural Society; S. 101: Richard Griffin, stock.adobe.com; S. 102: Little Thought, Pixabay; S. 103: Dzmitry, stock.adobe.com; S. 105: juliasudnitskaya, stock.adobe.com; S. 106: EKH-Pictures, stock.adobe.com; S. 107 mitte: ©Ruckszio, stock.adobe.com; S. 107 unten: ©ExQuisine, stock.adobe.com; S. 108 Hintergrund: Ruckszio, stock.adobe.com; S. 109: Ingo Bartussek, stock.adobe.com; S. 110 oben Hintergrund: Virtexie, stock.adobe.com; S. 111 mitte Hintergrund: Ruckszio, stock.adobe.com; S. 112 oben Hintergrund: Picture Partners, stock.adobe.com; S. 113 unten Hintergrund: kazakovmaksim, stock.adobe.com; S. 114 mitte Hintergrund: JohnatAPW, stock.adobe.com; S. 114 unten: sansa55, stock.adobe.com; S. 116 unten: lisabeth, stock.adobe.com; S. 117 oben: fotoatelier.hamburg, stock.adobe.com; S. 117 unten: Eric Isselée, stock.adobe.com; S. 123 unten: Ruckszio, stock.adobe.com; S. 124 unten rechts: sakura, stock.adobe.com; S. 125 oben: Anastasiia Malinich, stock.adobe.com

Bibliografische Information der Deutschen Nationalbibliothek

Die Deutsche Nationalbibliothek verzeichnet diese Publikation in der Deutschen Nationalbibliografie; detaillierte bibliografische Daten sind im Internet über http://dnb.dnb.de abrufbar.

ISBN 978-3-944821-82-5

Druck: Beltz Grafische Betriebe GmbH
Printed in Germany

Vorwort

Wasser ist der Ursprung allen Lebens. Es bereichert unser tägliches Leben und bietet Raum für vielfältige neue Beobachtungen und Erlebnisse. Was liegt da näher, als sich dieses Lebenselixier nach Hause zu holen. Das kann ein Wassergefäß auf Balkon oder Terrasse sein oder auch ein kleiner Teich im Garten.

Ich stelle Ihnen hier – praxisnah und anschaulich – kleine Wasserflächen in unterschiedlichsten Arten und Formen vor. Viele Ideen für erprobte Mini- und Kleinteiche zum Nachmachen, aber auch Raum für Ihre individuelle Gestaltung. Eine verständliche Bauanleitung sowie Material- und Preislisten erleichtern die Umsetzung. Neben Form, Farbe und Größe der Teiche spielt natürlich die passende Bepflanzung und Gestaltung von attraktiven Kombinationen eine Hauptrolle. Dazu kommen Beispiele für den Einsatz von Pumpen, Filtern und Lichtquellen.

Mein Dank gilt dem Dähne Verlag und seinen Mitarbeiterinnen und Mitarbeitern für die Realisierung dieser Ideen. Als ein zuverlässiger und kompetenter Kooperationspartner erwies sich die Firma Heissner, die mir Materialien zum Teichbau und passende Technik zu den Projekten zur Verfügung stellte. Der Bausatz für den Gabionen-Hochteich wurde freundlicherweise von der Firma Bellissa gesponsert.

Bei meinen Neupflanzungen wird sich die volle Blütenpracht bei vielen Stauden erst in zwei bis drei Jahren einstellen, insbesondere, weil Gartenfreunde mich mit kleinen Ablegern versorgt haben. Das ist bei der Beurteilung der vorgestellten Anpflanzungen zu berücksichtigen.

Vielleicht haben Sie Lust, mir eine Rückmeldung über Ihre Erfahrungen mit dieser Fibel und Ihrem Wasserprojekt zu geben? Ich würde mich freuen!

Dieter Bechthold

dieter.bechthold@t-online.de

Dieter Bechthold ist leidenschaftlicher Pflanzenfreund und Staudenliebhaber. Sein besonderes Interesse gilt dem Wassergarten. Über seine Erfahrungen und Beobachtungen berichtet er in diversen Gartenzeitschriften. Der Autor der Seerosen-Fibel (Dähne-Verlag) ist seit 25 Jahren als Seerosenzüchter aktiv. Die Kamera ist unterwegs sein ständiger Begleiter.

Inhaltsverzeichnis

Teichprojekte

Ökologie und Artenvielfalt

In Deutschland ist der Naturschutzgedanke gesetzlich und auch fest im Bewusstsein der Menschen verankert. Es gibt viele Naturschutzgebiete, und „Rote Listen“ weisen auf die vom Aussterben bedrohten Tiere und Pflanzen hin und sollen ein Überleben und die heimische Artenvielfalt sichern.

Meist geht es um Feuchtgebiete und Wasserflächen, denn alle Lebewesen sind auf Wasser angewiesen. In der Natur haben Wasserstellen daher eine zentrale Bedeutung und werden von Tieren regelmäßig aufgesucht. Für uns ist es schön anzusehen, wie zum Beispiel Amseln ihr Gefieder in der Flachzone eines Gartenteichs reinigen, Wasser zu sich nehmen und dann zum Abschütteln des Gefieders in den nächsten Baum fliegen.

Auch zur Vermehrung sind zahlreiche Lebewesen auf Wasser angewiesen. Libellen setzen ihre Eier an Wasserpflanzen ab, leben als Larven eine längere Zeit im Wasser, um sich dann als Flugkünstler im Sommer zu paaren.

Weniger Aufsehen erregen Kröten, Frösche und Molche in Gartenteichen. Sie laichen im Frühjahr im Wasser ab, leben dort als Quappen und meist bekommen wir es gar nicht mit, wenn sie als Jungtiere das Wasser verlassen.

Nachtaktive Tiere (z. B. Nachtschwärmer, Igel, Mäuse) besuchen gerne im Dunklen einen Gartenteich oder sein Umfeld. Die Lebensräume im und am Teich sind also für die Artenvielfalt besonders wichtig.

Auch ein Wasserkübel auf der Terrasse oder dem Balkon wird von zahlreichen Vögeln und Insekten gerne angenommen und hat einen ökologischen Nutzen. Es macht Spaß, einer Wasserschnecke bei der Arbeit zuzusehen oder zu beobachten, wie sich eine Biene von der verlockenden Blütenpracht der Wasserpflanzen angezogen fühlt – und dabei den Alltagsstress zu vergessen.

Und wenn die Sonne scheint, bewahrheitet sich das Sprichwort „Auch die kleinste Pfütze spiegelt den Himmel“.

Rechtliche Aspekte

Baugenehmigung und Sicherung

Darf ich einen Teich anlegen und was muss ich beachten? Als Mieterin oder Mieter müssen Sie sich für Ihr Teichprojekt im Garten eine schriftliche oder mündliche Genehmigung des Eigentümers einholen. Gehen Sie davon aus, dass bei Beendigung des Mietverhältnisses ein Rückbau gefordert werden kann. Ein Teichbauprojekt erzeugt Erdaushub, wohin damit? Auch das sollte vorher geklärt sein.

Es macht Sinn, dies alles in einem schriftlichen Vertrag festzuhalten. Das erspart später Ärger oder Streit.

Als Gartenbesitzerin oder Gartenbesitzer haben Sie für Gefahrenstellen (und das sind Gartenteiche) eine Sicherungspflicht. Meist sind das Zäune oder dichte Hecken, die Fremde und insbesondere Kinder vom Betreten des Grundstücks abhalten.

Als meine Kinder klein waren, habe ich meinen Gartenteich mit grobem Kies aufgefüllt, den ich dann später wieder entfernte. Es gibt auch Lösungen mit Abdeckgittern, durch die die Wasserpflanzen hindurchwachsen können.

Wassergitter bieten Schutz.

Gewicht und Belastungsgrenzen

Das Gewicht eines Wasserbeckens wird für Sie von Interesse sein, wenn Sie einen Wasserkübel oder Miniteich auf dem Balkon oder einer Dachterrasse planen. Nach meiner Recherche sind Balkone für 300 bis 400 Kilogramm Gewicht/Belastung pro Quadratmeter ausgelegt. Solche Berechnungen berücksichtigen auch das Personengewicht. Im Zweifel ist es jedoch besser, diese Grenzwerte nicht auszureizen und bei Bedarf Fachleute um Rat zu fragen. Bei Holzkonstruktionen kann es wichtig sein, die Balkenlage zu beachten. Ganz praktisch bedeutet dies, dass Wassergefäße mit maximal ca. 120 Litern auf einen Balkon gestellt werden können.

Die Berechnung dazu: Ein Wassergefäß besitzt die Maße 80 Zentimeter Länge, 40 Zentimeter Breite mit einer Höhe von 35 Zentimetern. Ein Liter Wasser wiegt ca. 1 Kilo. (80 x 40 x 35): 1000 = 112. Das sind 112 Liter Wasser und ca. 112 Kilo Gewicht. Mit dem Eigengewicht des Kübels inklusive Erde und Bepflanzung ergibt das ca. 130 Kilo Gesamtgewicht.

Wenn sich jetzt noch zwei Personen mit je 85 Kilo Körpergewicht nahe neben das Wassergefäß stellen (was ja bei 40 Zentimeter Gefäßbreite möglich ist), beträgt die Quadratmeterbelastung ca. 300 Kilo und ist damit statisch nahezu ausgereizt.

Gefäße mit einem Volumen von 100 Litern (eine volle Badewanne sind ca. 150 Liter) reichen aus, um mit passender Bepflanzung einen attraktiven Anblick zu bieten.

Arten- und Naturschutz

Das Wichtigste zuerst: Bringen Sie bitte keine Quappen in Ihren Gartenteich ein. Es ist verlockend, wenn man die Laichknoten oder Laichschnüre in Gewässern entdeckt und mitnehmen kann. Das ist strafbar und unsinnig. Sämtliche Amphibien, die in Europa leben, sind im Naturschutzgesetz als ‚besonders schützenswert' klassifiziert. Das sind unter anderem: Frösche, Kröten, Molche, Unken, Salamander. Geschützt sind auch Libellen in allen Entwicklungsstadien. Heimische geschützte Pflanzen sind im Handel zu angemessenen Preisen erhältlich.

Geschütztes Knabenkraut kann am Gartenteich kultiviert werden.

Ein Gartenteich mit heimischer Bepflanzung ist ein interessantes und lohnendes Projekt, das dem Naturschutz dient.

Ein besonderes Erlebnis ist es, die Metamorphose einer Libelle beobachten zu können.

Lage und Standort

Wasserpflanzen bevorzugen sonnige bis halbschattige Lagen. Eine Südlage mit fünf bis sieben Stunden Sonneneinstrahlung ist toll, leichte Beschattung in der Mittagszeit ist ideal. Denkbar ist auch eine Planung im Halbschatten, wobei dann die Pflanzenauswahl weniger üppig ist und die Blütenpracht etwas spärlicher ausfällt. Die Lage und das Umfeld sind also in vielerlei Hinsicht von Bedeutung.

Ein Gartenteich sollte idealerweise, wenn er natürlich aussehen soll, in einer Gartensenke liegen, passt aber auch in einen ebenen Garten. Auch als Angrenzung an eine Terrasse oder einen Sitzplatz im Freien sieht er ansprechend aus.

Etwas schwieriger ist eine Hanglage zu gestalten. Man sollte sich dann bei organischen, natürlichen Formen und niedrigem Gefälle ein Stück in den Hang einarbeiten und eine gerade Fläche am unteren Teichrand einplanen. Der Vorteil ist, dass man den Erdaushub für die Gestaltung hangabwärts gut verwenden kann und nicht entsorgen muss. Alternativ bietet sich bei größerem Gefälle ein Wasserlauf mit vielen kleinen Teichen oder Teichschalen an, die das Gefälle dann Stück für Stück aufnehmen.

Durch den Anspruch an Licht ergibt es sich zwangsläufig, dass ein Gartenteich einen angemessenen Abstand zu hoher Randbepflanzung einhalten sollte. Immergrüne Gehölze in der Gartenteichumgebung reduzieren den Arbeitsaufwand im Herbst.

◂ Dieser Balkon bekommt ab 15 Uhr Sonne. Für viele Pflanzen ist das ausreichend.

Hier ist ein Teich durch Kies und Findlinge gut in Szene gesetzt.

Wasserbecken für Terrasse und Balkon

Mit einem Wasservolumen ab 15 bis ca. 120 Litern sind Gefäße als Miniteiche für Balkone oder Terrassen gut geeignet, wenn die Belastungsgrenze (s. S. 10) insbesondere für Balkone beachtet wird.

Eine Gefäßhöhe von 20 bis 40 Zentimetern ist notwendig für eine Seerose. Ansonsten reicht eine Wasserhöhe von ca. 15 Zentimetern. Ist das Gefäß zu hoch, so kann man z. B. Fliesen oder Betonsteine als Untersteller im Wasser verwenden. Wenn das Gewicht keine Rolle spielt, kann das Gefäß auch mit Sand oder Steinen angefüllt werden.

Im Gartencenter oder Baumarkt finden Sie eine reiche Auswahl an unterschiedlichen Gefäßen, die sich als Miniteich anbieten. Nur wenige sind jedoch ohne weiteren Arbeitsaufwand direkt und langzeitig zu verwenden.

Eisdruckpolster (Kunststoffflasche mit Sand) sind bei Frost hilfreich.

Die Auswahl an Gefäßen, die sich für das Anlegen von Miniteichen eignen, ist groß.

Miniteiche im Set-Angebot.

Kunststoffgefäße

Für einen Miniteich sind runde Schalen mit einem Durchmesser ab ca. 35 Zentimetern gut geeignet und kosten zwischen sechs und zehn Euro. Die Schalen haben zwar meist Abflusslöcher, aber es gibt einfache Lösungen zur Abdichtung (s. S. 41). Wer intensiver sucht, findet auch Kunststoffschalen, die bereits als kleine Wassergefäße konzipiert sind, einen Durchmesser von 50 Zentimetern aufweisen und ca. 25 Liter Volumen besitzen. Die Preise für solche Gefäße betragen 25 bis 30 Euro.

Gefäße zwischen 40 und 60 Litern bieten mehr Gestaltungsmöglichkeiten. Aber nur selten sind geschlossene Kunststoffgefäße auch als Wassergefäße konzipiert, und bei senkrechten Wandungen sind diese Gefäße bei starkem Frost bruchgefährdet. Längliche Kunststoffgefäße sind auch nicht auf den seitlichen Wasserdruck ausgelegt und daher kommt es meist zu Gefäßverformungen. Kunststoffgefäße haben nach meiner Erfahrung, durch die intensive UV-Bestrahlung im Außenbereich, eine begrenzte Lebensdauer. Langfristig ist bei vielen Produkten leider auch ein Verblassen der Farben zu beobachten und auch das Material kann spröde werden.

Die Preise für größere Kunststoffgefäße liegen zwischen 40 und 70 Euro. Eingeschränkt gute Erfahrungen habe ich mit kleinen doppelwandigen Kunststoffbehältern ohne Ablauf machen können.

In einem Baumarkt habe ich interessante Wasserbecken gefunden. Sie stammen von der Brügmann TraumGarten GmbH in Dortmund. Hier werden Kunststoffschalen in Holzumrandungen eingesetzt. Zum Programm gehören verschiedene Formen und Größen.

Robust und winterhart sind runde schwarze Maurerkübel, die in Baumärkten angeboten werden. Sie sind mit 8 bis 10 Euro sehr preiswert, aber ohne Umkleidung optisch nicht attraktiv. Kreative Menschen finden sicher Lösungen für eine passende Umrandung. Bei rechteckigen Maurerkübeln treten freistehend Verformungen auf.

Doppelwandige Gefäße verformen sich nur leicht unter dem Wasserdruck.

Fiberglasmix-, Mineralmix-, Keramik- und Tongefäße

Ein passender Pflanztopf drückt die Teichfolie am Innenrand in Form.

Mit einem Loch als Wasserabfluss sind alle diese Gefäße versehen, die sich mehr oder minder als Miniteich anbieten. Sie sehen natürlicher als Kunststoffgefäße aus, wirken wertiger und kosten daher auch mehr. Ohne zusätzliche Bearbeitung und Abdichtung sowie einen passenden Frostschutz im Winter geht es leider nicht. Meist sind Abdichtungen, Auskleidungen mit dünner Teichfolie oder

Anstriche mit flüssigem Kunststoff notwendig. Größere Gefäße kosten zwischen 25 und 50 Euro.

Bei Keramikgefäßen bin ich vorsichtig. Es sind in der Grundstruktur Tongefäße mit einer Keramikhaut. Sie sind nicht als Wassergefäße konzipiert. Es können sich auch leicht Risse in der Lasur bilden. Gebrannte Tonschalen und unglasierte Tongefäße sind als Pflanzschalen mit dem üblichen Wasserablauf meist winterfest. Als Miniteich muss der Ablauf verschlossen werden und es sind weitere Abdichtungen z. B. mit Steinsiegel notwendig. Ein geplantes Projekt mit einer versiegelten Tonschale scheiterte jedoch.

Materialmix-Gefäße werden auch in runder Form angeboten und verformen sich optisch nicht.

Halbe Holz- und Weinfässer

Diese sind nach mehrfacher intensiver Innenreinigung geeignete Wassergefäße. Das Holz darf jedoch nicht austrocknen. Der Quelleffekt von Holz führt zur gewünschten Dichtigkeit. Der rustikale Stil von halben Weinfässern passt vielleicht nicht in jedes Terrassen- oder Balkonambiente, ist aber bei einem Landhausstil eine durchaus passende Variante. Mit 50 bis 80 Euro finden Sie im Gartenmarkt oder im Internet ein passendes Angebot. Die Winterhärte ist kein Problem.

Halbe Weinfässer sind zum Thema „ländlich-rustikal“ beliebt.

Zinkgefäße

Ich denke, dass die Zinkbadewanne aus meiner Kindheit auch nicht ganz aus Zink war. Heutige sogenannte Zinkgefäße, die in Bau- und Gartenmärkten angeboten werden, bestehen aus verzinkten Blechen. Die Verzinkung ist eine dünne Haut und leider macht man schnell die Erfahrung, dass Beschädigungen an der Haut oder einfach das Alter zu Rost und Durchrostungen führen. Nicht ganz geklärt ist, wie sich Zink auf die Wasserchemie und die Bepflanzung auswirkt. In eigenen Versuchen zeigte sich eine negative Wirkung beim Pflanzenwachstum. In meinen beiden Beispielen sind die notwendigen Maßnahmen zu einer Innenversiegelung von Zinkgefäßen erklärt (s. S. 63).

Bei strengen Frösten reißen kleine wassergefüllte Zinkgefäße leider an den Nähten auf. Ein Qualitätsmerkmal ist das Gewicht, schwerer ist besser.

Zinkgefäße kosten abhängig von der Größe und Qualität zwischen 15 und 75 Euro.

Eine Auswahl an verzinkten Gefäßen findet man in Gartenmärkten.

Eisen- und Edelstahlschalen

Interessant sind auch Feuerschalen aus Eisen, sie werden aktuell in vielen Baumärkten angeboten. Während Sie bei offenem Feuerbrand (wegen Rauch- und Geruchsbelästigung) eher mit Ärger rechnen müssen, ist die Teichlösung unproblematisch. Die Schalenhöhe ist mit 15 bis 20 Zentimetern knapp passend. Die Durchmesser der Schalen liegen bei 60 bis 120 Zentimetern. Preislich sind um die 50 bis 150 Euro üblich. Feuerschalen besitzen mit ihrem extravaganten Aussehen auch eine spezielle Ausstrahlung.

Mit der Winterhärte und der Dichtigkeit haben Sie bei geschlossenen Schalen kein Problem. Aber das Eisen ist nicht rein, sondern enthält Schwermetalle, die das Pflanzenwachstum behindern können. Deshalb ist es förderlich, die Eisenschale von innen zu grundieren und zu versiegeln. Rost an der Außenfläche kann zu Flecken am Standort führen.

Eine große Edelstahlschale mit einer Seerose.

Feuerschalen sind sehr im Trend.

Cortenstahl rostet gleichmäßiger und ist sehr im Trend. Es gibt im Handel Pflanzgefäße, jedoch mit Ablaufloch. Unter der Bezeichnung ‚Palatino Exclusive Line Lotte' bieten Baumärkte verschiedene Rechteckgefäße an. Ab 130 Euro aufwärts, eine interessante Variante. Entstehen Verformungen bei Wasserdruck? Ich habe es nicht getestet. Abdichtungen sollten gelingen.

Sehr ansprechend sind wasserdichte Edelstahlschalen, die man unter der Bezeichnung ‚Klöpperboden Edelstahl' im Internet findet. Sie rosten augenscheinlich nicht, sodass Schwermetalle wie Chrom oder Nickel die Wasserqualität nur sehr geringfügig beeinflussen können.

Eine Schale mit 60 Zentimeter Durchmesser kostet mit Versand ca. 100 Euro, in 80 Zentimeter Durchmesser ca. 140 Euro. Diese Schalen besitzen keine Kippsicherung, die man jedoch mit Steinen, einem Sand- oder Splittbett leicht selbst bewerkstelligen kann.

Gabionen-Hochteich

Im Trend liegen Hochteiche mit einer dekorativen Umrandung aus Gestein in einem rostsicheren Drahtkäfig. Ein solcher Hochteich ist ideal für eine Terrasse, einen Sitzplatz oder eine andere gerade gepflasterte Fläche. Rasen geht aber auch als Unterlage. Balkone kommen als Standort wegen des Gewichts nicht infrage. Gabionen-Hochteiche besitzen einen Brunnencharakter, richtig platziert sind sie ein schöner Blickfang. Passendes Gestein zum Befüllen des Mantels gibt es in unterschiedlichen Materialien und Farben und muss zusätzlich gekauft werden. Ob nun heller Kiesel, grauer Kalkstein oder dunkler Basalt, das richtet sich nach Ihrem Geschmack. Sie erwerben das Gitter, das in verschiedenen Formen angeboten wird, mit Schutzvlies und Folienabdichtung. Es stehen mehrere Hochteichgrößen zur Auswahl (s. S. 76).

Gartenteiche

Ökologisch gesehen, schafft ein Gartenteich Amphibien und anderen Tieren Raum zum Leben und ist ein Beitrag, unsere heimische Artenvielfalt zu erhalten. Kleine Gartenteiche, wie sie hier vorgestellt werden, können mit einer Teichschale oder mit Gartenteichfolie angelegt werden. Ein Folienteich ist nach meiner Erfahrung für Teiche ab ca. 3 m² Fläche besser.

Teichschalen und Fertigteiche

Kleine Teichschalen (auch Fertigteiche genannt) werden aus Polyethylen (PE) gefertigt, bei großen kommt Glasfaserverstärkter Kunststoff (GFK) zum Einsatz. Es muss „gebuddelt" und eine Lösung für den Erdaushub gefunden werden. Fachgerecht eingebaut sind Teichschalen winterfest und langlebig. Sie sind meiner Meinung nach für kleine Gartenteiche von 150 bis 1.000 Liter Wasservolumen ideal bis gut geeignet. Meist ergonomisch, seltener geometrisch geformt, liegt der Vorteil von Teichschalen in den vorgefertigten Pflanzzonen.

Teichschalen gibt es in unterschiedlichen Formen und Größen.

Teiche mit Folie

Teichfolien sind in Bau- und Gartenmärkten erhältlich. Meist in der Farbe Schwarz und in den Stärken 0,5 oder 1 Millimeter. Im Internet finden Sie auch Händler, die Teichfolien in anderen Farben anbieten.

Teichfolie von der Rolle.

Ein kleiner Gartenteich muss nicht zwingend begehbar sein. Wenn man eine Leiter mit einem Brett für die Knie über den Teich legt, kann man auch nachträglich Pflanzen einsetzen.

Für frei gestaltete Gartenteiche bis ca. 8 m² Größe reicht eine 0,5 Millimeter starke Teichfolie. Wer es strapazierfähiger mag, kauft eine 1 Millimeter starke Folie. Sie lässt sich jedoch schlechter in Falten legen.

Das geläufigste Material für kleine bis mittelgroße Gartenteiche ist eine PVC-Folie. Polyvinylchlorid (PVC) ist nicht umweltfreundlich in der Entsorgung, aber robust und langlebig. Ist die Folie an den Randbereichen vor Sonneneinstrahlung geschützt, sind 30 Jahre Haltbarkeit und mehr kein Problem.

Alternativ und umweltfreundlicher sind EPDM-Kautschuk-Teichfolien, die jedoch auch doppelt so teuer sind. Auch diese Folien besitzen eine sehr lange Haltbarkeit.

Preise für Folien

PVC 0,5 mm = ca. 2,50 Euro/m²
PVC 1 mm = ca. 4,00 Euro/m²
EPDM 1 mm = ca. 8,00 Euro/m²

Wichtig ist generell, dass ein starkes Schutzvlies unter der Folie ausgelegt wird. Es hat die Aufgabe, die Folie zum Erdreich hin dauerhaft zu schützen, denn meist lassen sich nicht alle Steine entfernen. Es gibt Schutz- oder Teichvliese in verschiedenen Stärken, die unverwüstlich und sehr langlebig sind. Für kleine Gartenteiche reichen 200 bis 300 g. Der Preis pro Quadratmeter liegt bei ca. 1,50 bis 2,00 Euro.

Vorsicht ist jedoch bei der freien Pflanzung von Bambus, Schilf und Rohrkolben angesagt. Die Triebspitzen können Schutzvliese und Teichfolien durchdringen. Für PVC- und EPDM-Folien gibt es Reparatur-Sets.

Berechnung

Folienlänge = Teichlänge + 2 x Teichtiefe + 60 Zentimeter für die Randgestaltung
Folienbreite = Teichbreite + 2 x Teichtiefe + 60 Zentimeter für die Randgestaltung
Im Internet finden Sie auch Teichfolien-Rechner, die auf vergleichbaren Formeln basieren.

Gestaltung

Bei Fertigschalen liegt die Teichtiefe meist zwischen 40 und 70 Zentimetern. Solche Tiefen reichen generell aus, um ein Durchfrieren des Wassers zu verhindern und Überlebensraum für Tiere und Pflanzen zu bieten.

Ein Gartenteich mit Teichfolie wird mit verschiedenen Pflanzzonen angelegt. Eine Tiefwasserzone von 45 bis 60 Zentimetern ist ideal. Hier kann auch der 20 bis 25 Zentimeter hohe Pflanzkübel mit der Seerose stehen.

Teichrandsysteme können für die Anlage unterschiedlicher Wasserzonen bei Folienteichen hilfreich sein oder dienen als Einfassungen und Begrenzungen im Teichbau. Die ca. 14 Zentimeter hohen Kunststoffbänder werden mit Kunststoff-Erdspießen befestigt. Ufermatten schützen Folien vor UV-Bestrahlung und scharfkantigem Eis. Nicht sorgfältig mit Erde eingeschlämmt, können aber die Krallen von Vögeln im Netzwerk hängen bleiben.

Auch Steinfolie wird zur Abdeckung von Teichrändern angeboten. Persönlich bevorzuge ich Pflanzen, die den Teichrand überdecken.

Teichrandgestaltung in einem Hotelgarten.

Bachläufe

Mit vorgeformten Bachlaufschalen, z. B. aus Glasfaserverstärktem Kunststoff (GFK), geht die Formung und Anlage eines Bachlaufs recht einfach und schnell. Solche Schalen gibt es im Handel in den Farben Grau oder Braun. Ein drei- bis vierteiliger Wasserlauf mit Schalen kostet ca. 150 Euro.

Am unteren Ende mündet der Bachlauf in einen kleinen Gartenteich, in dem die Wasserpumpe untergebracht ist. Über einen Schlauch wird das Wasser zur obersten Teichschale gepumpt. Die Auswahl der Pumpe richtet sich nach dem Höhenunterschied zwischen Quellstein und Pumpenstandort. Kleine Bachlaufpumpen kosten ca. 75 Euro und besitzen einen integrierten Filter.

Ein Bachlauf mit Folienabdichtung ist, wegen der Folienabdeckung mit Steinen oder Tonerde, eine arbeitsaufwendige Variante. Am sichersten ist es, die Folie in einem Stück zu verlegen. Geläufige Folien können mit einem Spezialkleber dicht verbunden werden.

Musteraufbau in einem Gartencenter.

Fließendes Wasser verdunstet stärker als stehendes. Bei 25 Grad Außentemperatur kann der Basisteich durch den Bachlauf ca. 2 bis 5 Zentimeter Wasserhöhe pro Tag verlieren.

Der Teich am Ende des Baulaufs kann der Tiefe entsprechend bepflanzt werden.

Am Ende des Hanges mündet der Bachlauf bei diesem Beispiel in einen attraktiven Steintrog.

Technik

Wasser und Strom

Ein Gartenteich verdunstet Wasser, deshalb ist es praktisch, wenn ein Wasseranschluss in der Nähe liegt. Die Verlegung einer Wasserleitung in den Garten ist aufwendig. Die Außenleitung muss im Winter abgestellt und entwässert werden. Ein langer Wasserschlauch ist eine einfache Lösung, um die Wasserverdunstung im Gartenteich auszugleichen.

Wenn Sie einen Außenwasseranschluss mit Zähler anmelden, können Sie die Abwassergebühr sparen.

Solche Außensteckdosen sollten über einen FI-Schalter abgesichert sein.

Bei Miniteichen reicht die Wassermenge einer kleinen 5-Liter-Gießkanne aus, um den Wasserstand anzupassen.

Ein Stromanschluss im Garten ist sinnvoll, wenn man Filter, Wasserspiele, Bachlauf oder Beleuchtung einplant. Hier ist dann darauf zu achten, dass der 230 Volt Spannungsanschluss (Stromanschluss) und die Geräte über einen FI-Schutzschalter (Fehlerstrom-Schutzschalter), aktuell RCD (Residual Current Device) genannt, abgesichert sind. Gefährliche Unfälle können dadurch verhindert werden. In Europäischen Ländern ist dies Vorschrift.

Meist befindet sich ein Fehlerstrom-Schutzschalter (RCD/FI) bereits in Ihrem Haus-Sicherungskasten. Bitte unbedingt kontrollieren! Ein separater FI-Schutz (BDI Personenschutz-

Adapter) für den Außenbereich kostet ca. 20 bis 30 Euro.

Sollten Sie unsicher sein, ob der Stromanschluss im Garten über einen FI-Schalter im Sicherungskasten abgesichert ist, dann verwenden Sie auf jeden Fall einen separaten FI-Schalter (BDI Personenschutz-Adapter). Denn zwei Absicherungen hintereinander geschaltet funktionieren auch, wobei dann nicht klar ist, welcher Schutzschalter im Problemfall als erster die Stromzufuhr unterbricht.

Die Kosten für einen Stromanschluss im Außenbereich/Garten sind nur sehr schwer zu kalkulieren.

Gerätekennzeichnung/Symbole und deren Bedeutung

IP44	geschützt gegen Fremdkörper
IP54	geschützt gegen Staub und Spritzwasser
IP66	staubdicht
IP67	staubdicht und kurzzeitiges Eintauchen in Wasser möglich
IP68	staubdicht und längeres Eintauchen in Wasser möglich
IPX4	Schutz gegen Spritzwasser
IPX8	Schutz gegen ein dauerhaftes Eintauchen in Wasser (wasserdicht)
CE	Ware entspricht EU-Vorschriften
EAC	Eurasian Conformity
GS	Geprüfte Sicherheit mit Produktionsüberwachung
RCD (FI) ≤ 30 mA, AC 230 V/50 Hz	Hinweis auf die Notwendigkeit eines vorgeschalteten RCD (FI)
Pfeil, der in ein Haus zeigt	Dieses elektrische Gerät ist nur für den Innenbereich geeignet.

Eine Alternative sind Anlagen, bei denen 230-Volt-Wechselstrom an sicherer Stelle mit einem Transformator in 12-Volt-Gleichstrom umgewandelt wird. Die 12-Volt-Technik kennen Sie von der Weihnachtslichterkette für den Außenbereich. Gleichstrom mit geringen Ampere-Strömen ist für den menschlichen Körper ungefährlich.

Anlagen mit Solartechnik benötigen keinen Stromanschluss und sind daher eine unkomplizierte Lösung für sonnige Momente (s. S. 29)

Energieverbrauch: Ihre Pumpe verbraucht 25 W (Watt) in der Stunde. Wenn Sie Ihre Pumpe täglich durchlaufen lassen, sind das 24 Stunden x 25 Watt = 600 Watt Verbrauch. 1000 Watt (1 KW) kosten ca. 25 Cent. 600 Watt kosten dann 15 Cent pro Tag. Das sind pro Monat, die die Pumpe läuft (15 Cent x 30 Tage) = 4,50 Euro. Meist empfiehlt es sich, bei Frost die Pumpe auszuschalten, und so kommen neun Monate Pumpenbetrieb auf die Rechnung. Das sind dann 40,50 Euro im Jahr bei 25 Watt.

Pumpen und Filter

Im Wasser kommen nur Outdoor-Pumpen mit entsprechender IP-Kennzeichnung infrage. Pumpen erzeugen Bewegung, reichern das Wasser mit Sauerstoff an und können Schmutz aus dem Wasser filtern. Integrierte UVC-Klärer töten Schwebealgen und Bakterien ab. Wasserspiele sind reizvolle Gestaltungselemente für den extravaganten Gartenteich oder den größeren Wasserkübel.

Wenn Sie jedoch einen Naturteich planen, die Population von Amphibien und Libellen fördern wollen, dann sollten Sie Pumpen und Filtertechnik mit Bedacht einsetzen. Sind denn Filter in kleinen Gartenteichen überhaupt notwendig? Klären nicht auch Wasserpflanzen, werden Sie jetzt fragen? Ja, das stimmt, bei Fischbesatz allerdings ist klares Wasser meist nur über Filtertechnik zu erzielen. Naturtrüb kann aber auch okay sein.

Kleine Wasserspiel- und Zirkulationspumpen

Wasserspiele sind attraktiv und unterhaltsam. Über eine Elektropumpe wird das Wasser in verschiedene Formstücke gedrückt, die dann unterschiedliche Wasserfontänen erzeugen. Es ist schon ein wenig Gefummel, und manchmal ist auch eine Säge notwendig, um die richtige Höhenanpassung zu erzielen. Durch den Einsatz von Schläuchen sind mit Zirkulationspumpen (hier fehlen die Wasserspielaufsätze) auch quellähnliche, dezentere Wasserbewegungen möglich.

Große, starke Pumpen besitzen eine integrierte Klär- und Filtertechnik.

Wasserpflanzen, wie z. B. Seerosen, mögen keine dauerhafte Benetzung der Schwimmblätter durch Wasserspiele.

Kleine Wasserspiel- oder Zirkulationspumpen transportieren auch Schmutzteilchen und besitzen selbst nur eine grobe Filterfunktion. Sie klären das Wasser also nicht.

Wichtig ist die Kabellänge. Einige Pumpen werden mit einem 10-Meter-Kabel angeboten, was sehr hilfreich sein kann.

Die Anschaffungspreise für kleine 230-Volt-Pumpen liegen bei ca. 30 bis 50 Euro. Der Energieverbrauch beträgt zwischen 9 und 30 Watt die Stunde.

Bachlauf- und Filterpumpen

Hier handelt es sich um stärkere Unterwasserpumpen, die über eine integrierte Filtertechnik (teilweise inkl. UVC-Klärer) verfügen und das Gartenteichwasser meist über zwei Anschlüsse weiterleiten. So können zum Beispiel ein Wasserspiel und ein Bachlauf oder zwei Wasserspiele mit einer Pumpe betrieben werden. Oder man nutzt nur die Filtertechnik inklusive leichter Wasserbewegung unter Wasser, um für klare Verhältnisse im Gartenteich zu sorgen.

Diese Filterpumpen sollten im Gartenteich natürlich so positioniert werden, dass eine Reinigung der Filterelemente ohne große körperliche Verrenkungen möglich ist. Solche Pumpen verbrauchen 25 bis 40 Watt in der Stunde und können Wasser auf eine Höhe von ca. 1,5 bis 3 Meter transportieren. Sie kosten mit UVC-Klärer zwischen 100 und 200 Euro. In größeren Gartenteichen sind solche Filterpumpen ab ca. 40 Zentimeter Wassertiefe so gut wie winterfest und verbleiben ganzjährig im Teich.

Bei Gartenteichen mit Fischbesatz und Fischfütterung sind Außenfilter mit UVC-Klärung zu empfehlen. Starke Unterwasserpumpen mit einem Grobfilter befördern das Wasser in einen externen Filter außerhalb des Gartenteichs. Das Wasser wird dort gereinigt und in den Teich zurückgeführt. Solche Außenfilter verbrauchen 20 bis 40 Watt in der Stunde und kosten ca. 150 bis 300 Euro. Außenfilter sind jedoch mit Wasserfüllung nicht winterhart und müssen entleert und frostfrei überwintert werden. Nahezu genial sind Pumpen, die über eine Solarzelle angetrieben werden. Sie benötigen im Garten keinen Stromanschluss, und wenn die Sonne scheint, läuft die Pumpe automatisch an. Hier geht es allein um die Wasserbewegung, es fehlt jedoch die Filtertechnik. Leistungsfähige Solartechnik für einen kleinen Bachlauf oder ein Wasserspiel kostet ca. 85 bis 100 Euro.

Licht und Lampen

Beleuchtung setzt einen Gartenteich oder Ihren Miniteich in den Abendstunden ansprechend in Szene. Auch hier gibt es unterschiedliche Systeme, die entweder mit 230 Volt oder mit Solar betrieben werden. Bei der Niedervolttechnik werden die 230 Volt über einen Trafo in ungefährliche 12 Volt umgewandelt. Solartechnik ist bei Gartenlampen verlockend günstig, jeder Garten- und Baumarkt bietet zahlreiche Leuchten in unterschiedlichen Größen und Formen an. Nach meiner Erfahrung ist es empfehlenswert, diese Leuchten im Winter im Innenbereich zu lagern. Meine Solarleuchten halten im Freien max. zwei Jahre, Luftfeuchtigkeit macht der Technik zu schaffen. Solarleuchten kosten pro Stück um die 5 Euro.

Niedervolt- und 230-Volt-Lichtsysteme sind da robuster und langlebiger, aber auch teurer in der Anschaffung und benötigen eine Steckdose. Niedervolttechnik kostet für ca. vier Leuchten 30 bis 60 Euro. Etwa 50 Euro kosten drei leuchtende Kugeln in 230 Volt-Technik. Lampen in Niedervolttechnik gibt es auch als Unterwasserleuchten.

Von niedrig nach
hoch und Ton in Ton.

Planung und Gestaltung

Wo liegen Ihre Stärken? Kopf, Herz oder Hände? Beim Gartenteichbau sind Sie in allen drei Bereichen gefordert und es ist hilfreich, wenn am Anfang ein Plan steht.

In Vorbereitung Ihres Wasserprojektes entscheiden Sie sich als Erstes für den Standort, die Größe, die Form und die Bepflanzung. Bei Gartenteichen können neben dem Bauplan eine Materialliste und auch ein Bepflanzungsplan hilfreich sein. So kann man die Einkaufsliste frühzeitig erstellen und Preise vergleichen.

Wenn Sie etwas Spezielles suchen, dann ist die Auswahl im Gartencenter um die Ecke vielleicht doch nicht so riesig. Sie sind dann auf den Versandhandel angewiesen. Bei Bestellungen von Pflanzen in der Hochsaison sollten Sie aber schon mal bis zu 14 Tagen einplanen.

Wie wird gepflanzt?

Das ist wie bei einem Familienfoto. Die kleinen kommen in den Vordergrund, die höheren Pflanzen nach hinten. Dadurch entsteht ein stufenförmiger Anblick, der sehr harmonisch wirkt.

Je kleiner eine Pflanze ist, umso großflächiger sollte sie gepflanzt werden. Ein Pfennigkraut am Gartenteich wird nahezu nicht wahrgenommen, aber 20 Stück geben einen schönen Anblick.

Vorher und ...

... nachher.

Es wirkt unruhig und für das Auge nicht unbedingt schön, wenn Sie 30 verschiedene Pflanzen im Gartenteichumfeld platzieren. Schöner sieht es aus, wenn sich Pflanzen oder Kombinationen mehrmals wiederholen. Weniger Vielfalt kann von der Wirkung mehr sein. Es ist toll, wenn zu jeder Jahreszeit etwas im und am Gartenteich blüht. Das kann man so planen, aber meist gibt es eine Hauptblühzeit und schwächere Nebenblühzeiten. Die Hauptblühzeit im und am Gartenteich ist April bis August. Es macht also Sinn, bereits bei der Planung die Blühzeit der einzelnen Pflanzen zu beachten und so zu pflanzen, dass Beete oder Teichränder immer einige Farbtupfer aufweisen.

Farben

Jede Farbe besitzt eine psychische Wirkung auf den Menschen. Diese Erkenntnisse werden in vielfältiger Weise, insbesondere in der Werbung, benutzt.

Gelb: Hebt die Stimmung, macht frei, aktiviert und hat hohe Leuchtkraft.

Orange: Belebt, macht heiter und fröhlich.

Rot: Setzt Akzente, fällt auf, steht für Dynamik, Leidenschaft und Liebe, kann aber im Übermaß auch aggressiv wirken.

Blau: Beruhigt und entspannt. Ist die Farbe des Himmels, der Sehnsucht und der Urlaubsträume.

Eine ansprechende Farbkombination in Weiß-Rosa-Violett.

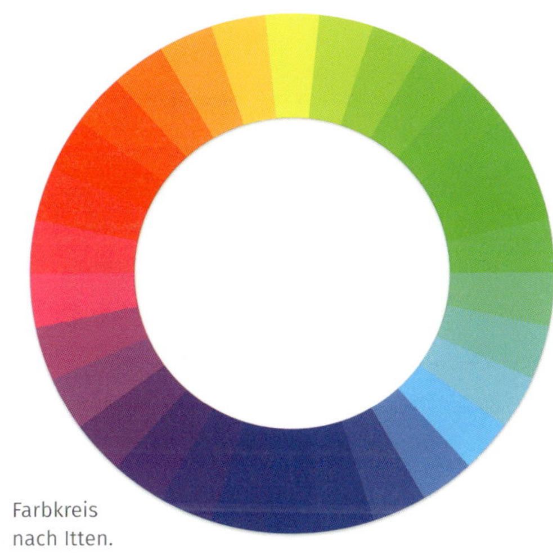

Farbkreis nach Itten.

Jede Farbe kann kalt oder warm wirken. Beispielsweise wirkt Zitronengelb kühl und Dotter- oder Maisgelb wärmer.

Grün: Gleicht aus, wirkt beruhigend und besänftigend und vermittelt ein Gefühl von Sicherheit und Geborgenheit.

Violett: Geheimnisvoll und mystisch. Dämpft und entspannt, kann aber auch nachdenklich und traurig machen.

Weiß: Besitzt eine sehr starke Leuchtkraft und steht für Reinheit und Klarheit. Wirkt elegant und ist zeitlos.

Es gibt Regeln und Empfehlungen, welche Farben zueinander passen. Als Basis für solche Erklärungen benutzt man Farbkreise wie den Farbkreis nach Itten. Blattgrün bleibt hier unberücksichtigt.

Nachbarschaftsharmonien: Es sind die Nachbarschaftsfarben im Farbkreis (z. B. Gelb, Orange, Rot).

Komplementärharmonien: Es sind die gegenüberliegenden Farben im Farbkreis (z. B. Gelb und Violett, Orange und Blau).

Winkelharmonien mit geometrischen Formen: (Quadrat, Dreieck, Rechteck) im Farbkreis (z. B: Rot, Blau, Gelb (Dreieck).

Für die Mengenverteilung sollte auch die jeweilige Leuchtkraft der Farben Berücksichtigung finden.

Harmonie mit Gelb und Blau.

Bauphase und Material

Wann wird gebaut?

Das Sortiment und die Auswahl an Materialien und Pflanzen ist im Frühjahr am größten. Insbesondere bei der Anlage eines Gartenteichs, ist Mitte März bis Ende Mai eine ideale Bau- und Pflanzzeit. Schweißtreibende Erdarbeiten und Umpflanzungen lassen sich gut ausführen. Im Frühjahr ist es auch möglich, Wurzelableger ohne Container zu pflanzen und Pflanzenteilungen vorzunehmen. Bis zum Herbst können sich alle Pflanzen etablieren.

Anfang April könnte es losgehen, aber noch besteht Frostgefahr.

Bei der Anlage von Miniteichen für Terrasse oder Balkon ist das Zeitfenster größer, da hier Pflanzen meist ohne Teilung nur neu getopft werden müssen.

Teicherde

Pflanzerde enthält Nährstoffe, die das Wasser noch fruchtbarer machen und zu einer mehr oder minder starken Algenbildung und Wassertrübung führen. Egal ob Sie einen Miniteich oder einen kleinen Gartenteich planen, Erde sollte möglichst sparsam eingebracht werden. Ein durchgehender Pflanzboden macht nur in der Teichrandzone Sinn, um einen natürlichen Anblick zu bieten. Für die Tiefwasserzone (40 bis 60 Zentimeter) sind bepflanzte Gefäße praktisch, die ins Wasser gestellt werden.

Ideal für Wasserpflanzen ist lehm- und tonanteilige Gartenerde, der man bei Bedarf noch etwas Sand beimischen kann. Die Farbe und das Gewicht der Erde machen es deutlich: Lehm und Ton sind orangebraun, schwer und sinken im Wasser ab, Humusboden ist braunschwarz, leicht und schwimmt im Wasser auf. Stein- und humusfrei mit etwas Dünger ist lehmanteiliger Boden – ein idealer Kulturboden für alle Wasserpflanzen.

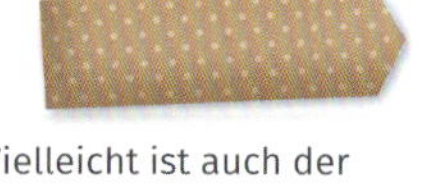

Vielleicht ist auch der Erdaushub Ihres Gartenteichs mit ein wenig Bearbeitung als Pflanzerde geeignet? Entsorgen Sie die ausgesiebten Steine nicht direkt, sie könnten im Randbereich zur Dekoration genutzt werden.

Gartencenter und Baumärkte bieten auch Pflanzerden für Gartenteiche und Wasserpflanzen an. Achten Sie auf die Angaben zu Ton- und Sandanteilen in der Erde. Je mehr Tonanteile, umso besser. Ist der Pflanzboden zu locker, werden insbesondere Unterwasserpflanzen ohne Sand- oder Feinkiesabdeckung leicht aus dem Boden herausgerissen.

Wenn Sie im Internet recherchieren, finden Sie unter den Stichworten ‚Schieferton-Seerosen' oder ‚Seerosenerde schwer' auch passende Pflanzsubstrate, die keine oder nur wenige Humusanteile enthalten. Ton, Sand, und Gesteinsmehl sind eine perfekte Mischung.

Die Pflanzerde sollte bei Wasserpflanzen fest angedrückt und verdichtet werden. Denn unter Wasser weicht der Boden auf. 15 bis 20 Liter gute Pflanzerde kosten aber mit Versand auch ca. 20 Euro.

Gute Erfahrungen habe ich u. a. mit AZ-Gartenteich-Spronk-Seerosensubstrat in Kombination mit FloraSelf-Teicherde gemacht. Der Teicherde habe ich eine Handvoll Hornspäne beigemischt.

Das Angebot an Erden ist groß.

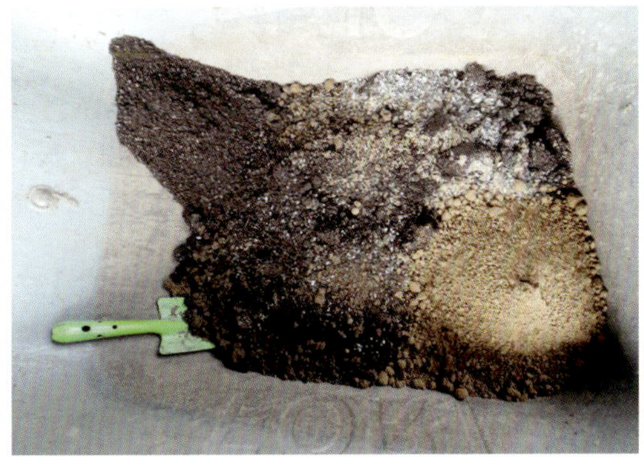
Meine Erdeigenmischung in der Schubkarre.

◂ *Nymphaea* 'Helvola', eine Zwergseerose mit einem Blütendurchmesser von 4 cm.

Teuer, aber für Seerosen sehr empfehlenswert.

Pflanzgefäße

Gitterkörbe in vielen Größen.

Geeignet ist vieles, wenn die Pflanzgefäße groß genug sind und standfest an die vorgesehene Stelle passen. Ob rund, quadratisch, gelöchert oder geschlossen, den Pflanzen ist das meist egal. Perfekt sind normale Blumentöpfe mit Ablauf. Die Wurzeln können sich durch die Löcher im Topfboden weiter ausbreiten.

Bei Gittergefäßen/Gitterkörben sollte man darauf achten, dass die Erde nicht so leicht ausgeschwemmt wird. Bei der Neupflanzung können die Gittergefäße mit dickem Papier oder dünnem Vlies ausgelegt werden.

Oftmals ist es notwendig, insbesondere hohe Pflanzgefäße vor dem Umkippen zu sichern. Hilfreich ist da eine Steinfüllung im unteren Bereich der Gefäße.

Düngung

Zum gesunden und vitalen Wachstum benötigen Pflanzen Nährstoffe. Sinnvoll ist eine sparsame Düngung mit Hornspänen, die einem nährstoffarmen Boden bei der Pflanzung oder dem Umtopfen beigefügt werden. Zwei kleine Hände voll Hornspäne auf fünf Liter Erde reichen aus.

Zur Nachdüngung sind Düngekegel ideal.

Empfehlenswert sind auch harzgebundene Düngekegel. Sie geben ihre Nährstoffe langsam über einen Zeitraum von ca. sechs Monaten ab. Ein großer Vorteil ist, dass diese Kegel auch nachträglich in das Erdreich von Pflanzen eingedrückt werden können.

Pflanzung und Teilung

Nach meiner Erfahrung sind gekaufte Pflanzen in Containern bereits stark durchwurzelt. Bei Freilandpflanzung kein Problem, da die Wurzeln jetzt schnell neuen Boden erobern können. Soll das Containerleben fortgeführt werden, empfiehlt sich eine Teilung oder das Umsetzen in einen größeren Container mit frischer Erde. Generell vertragen Stauden eine Verjüngung durch Teilung im Frühjahr sehr gut. Nach ca. fünf Jahren ist bei den meisten Stauden eine Teilung zwingend notwendig, um Blütenreichtum und Vitalität zu erhalten.

Zur Pflanzenteilung verwende ich ein Messer.

Unten:
Getopfte Seerosen, wie sie im Handel angeboten werden.

Ein nicht so ansprechendes Gefäß, wie z.B. ein preiswerter Maurerkübel, kann einfach hinter einer farblich passenden Ummantelung aus Holz versteckt werden.

Projekte und Themen

Hier stelle ich Ihnen verschiedene Beispiele vor, die ich erprobt habe. Vielleicht bekommen Sie aus den Beschreibungen und Erfahrungen Lust, Ihr eigenes Projekt zu planen. Nur bei einigen Beispielen habe ich die Pflanzen in den üblichen 9 x 9 Zentimeter großen, durchwurzelten Pflanzcontainern gekauft und ohne Teilung eingesetzt. Daher entsteht der manchmal spartanische und erdige Anblick. Leider konnte ich die Entwicklung nicht über zwei bis drei Jahre lang zeigen. Da ist Ihre Fantasie gefragt, und es sind durchaus auch Korrekturen mit Umpflanzungen denkbar, wenn sich Pflanzen anders entwickeln als geplant.

Das Thema Winterhärte ist in den Beschreibungen berücksichtigt, weil es gerade bei kleinen Wassermengen zu starker Eisbildung kommen kann, die dann meist zerstörerisch wirkt.

Als Anregung habe ich jedem Projekt ein Pflanzen-, Farb- oder Technik-Thema gegeben. Dies soll keine Beschränkung oder Eingrenzung sein, sondern eine mögliche Idee, mit der man zusätzliche Akzente bei der Gestaltung oder Pflanzenauswahl setzen kann. Die Auswahl an passenden Pflanzen ist groß, entscheidend sind die Lust und Freude an der eigenen Gestaltung.

Gesund und lecker

Kleine runde Kunststoffschale

In Gartenmärkten werden häufig runde, ca. 17 Zentimeter hohe Kunststoffschalen angeboten, die einen Durchmesser von ungefähr 38 Zentimetern aufweisen und unter zehn Euro kosten. Sie besitzen mehrere Wasserabläufe im Boden, die man jedoch mit einer Klebepistole, Klebstoff und Kupfermünzen leicht verschließen kann. Hierdurch entsteht ein dichtes Wassergefäß. Die Farbauswahl ist Geschmackssache, ich bevorzuge bei Kunststoff die Farbe Grau.

Eine gute Alternative ist eine 45 Zentimeter oder 52 Zentimeter große geschlossene Plastikschale, die als „Miniteich", Wasserschale oder „Kugelschale" im Internet für ca. 25 € inkl. Versand angeboten wird.

Arbeitszeit	1-2 Stunden
Kosten gesamt	30-40 €
Winterhärte	gut
Ergebnis	empfehlenswert

Etwas Geduld beansprucht die Höhenanpassung der Topfpflanzen. Ich habe in diesem Beispiel Splitt und größere Kalksteine verwendet. Im Sumpf, etwas über dem Wasserspiegel, wachsen Schnittlauch (*Allium schoenoprasum*), Sauerampfer (*Rumex acetosa*) und Brunnenkresse (*Nasturtium officinale*). Bärlauch (*Allium ursinum*) war einen Versuch wert. Diese Zwiebel verträgt jedoch keine stauende Nässe und mag es nur feucht. Eine kleine eigene Schale mit Wasserablauf wäre die richtige Ergänzung. Die Wasserminze (*Mentha aquatica*) verträgt einen Wasserstand bis ca. zehn Zentimeter Tiefe.

Material

- Kunststoffschale
- Passende Pflanzgefäße
- Klebepatrone und Kupfermünzen
- Material zur Höhenanpassung der Pflanzgefäße
- Pflanzen
- Teicherde
- Wasser

Werkzeug

- Zollstock
- Klebepistole
- Handschuhe
- Gießkanne

Die Schale wird mit Kleber und Münzen abgedichtet.

Arbeitsschritte

1. Die Kunststoffschale wie beschrieben abdichten.
2. Gestein nach Wahl einbringen
3. Die Pflanzen eintopfen.
4. Das Wasser langsam einfüllen.
5. Die Pflanztöpfe in der Höhe ausrichten.

Sie sollte flach am Boden aufliegen.

Pflanzung mit Schnittlauch, Wasserminze, Bärlauch.

Etwas Vorsicht ist bei der Brunnenkresse angesagt, die ich der Echtheit wegen aus einer gekauften Samenpackung heranziehen würde. Die Verwechslungsgefahr mit ungenießbaren Pflanzen ist zu groß. Auch nicht alle Minzearten sind uneingeschränkt genießbar.

Meine Erfahrungen

Die Aufzucht der ausgesäten Brunnenkresse gelang mir wegen Schneckenbefalls im Freiland leider nicht, und der Bärlauch verträgt keinen hohen Wasserstand.

Drei Blätter der Wasserminze ergeben einen erfrischenden Tee ...

... und die frischen Kräuter bereichern den Salat.

Blüten von März bis September

Kleine Zinkschale

Die verzinkte Schale für dieses Projekt besitzt einen Durchmesser von 45 Zentimetern. Ich habe sie für 10 Euro in einem Gartenmarkt erworben. Sie besitzt keine Nähte und ist daher gut winterhart. Die Wassertiefe von zwölf Zentimetern reicht für eine schön gestaltete Miniaturlandschaft. Bei der geringen Wassermenge ist jedoch, insbesondere in Schönwetterphasen, eine regelmäßige Kontrolle des Wasserstands notwendig.

Die Qualität der Verzinkung ist bei dieser Schale nicht überzeugend. Generell ist bei Zinkgefäßen eine Grundierung (Anstrich oder Spray) und eine Versiegelung mit einem Flüssig-Kunststoff-Anstrich im Innenbereich sinnvoll.

Zur Gestaltung der Schale wird hier in diesem Beispiel ein runder Gitter-Pflanzkorb bearbeitet und unterschiedlich großes Kalkgestein dient zur Abgrenzung und als Dekoration.

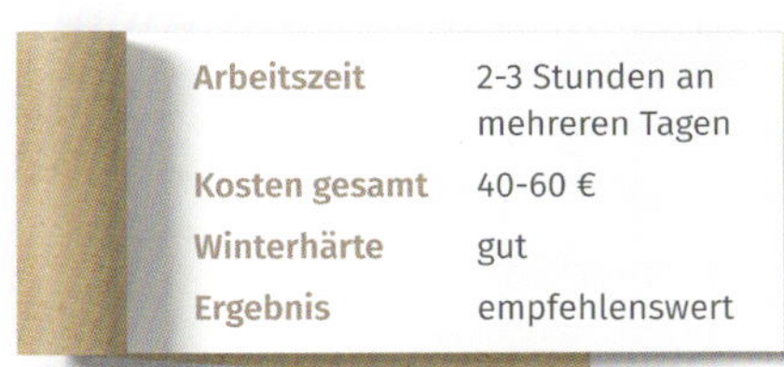

Arbeitszeit	2-3 Stunden an mehreren Tagen
Kosten gesamt	40-60 €
Winterhärte	gut
Ergebnis	empfehlenswert

Material

- Zinkschale ohne Nähte
- Grundierung (hier Spraydose)
- Flüssig-Kunststoff
- Fix All-Klebstoff
- Runder Pflanzgitterkorb
- Kalksteine verschiedener Größen
- Teicherde
- Pflanzen
- Wasser

Werkzeug

- Zollstock
- Kartuschen-Pistole
- 2 Pinsel
- Klebeband (bei Einsatz von Spray)
- Schere oder kleine Säge
- Handschuhe
- Gießkanne

Der Anspruch dieser Bepflanzung ist es, eine möglichst lange Blütezeit (von März bis Ende September) mit drei Sumpfpflanzen zu erzielen. Die Idee mit den Pflanzthemen kam mir erst nach dem Projektbeginn. Passend zum Thema habe ich dann den buntblättrigen Kalmus aus der Anfangsbepflanzung durch eine

Arbeitsschritte

1. Die Zinkschale reinigen und die Ränder abkleben.
2. Den Innenbereich grundieren und trocknen lassen.
3. Die Zinkschale im Innenbereich mit Flüssig-Kunststoff anstreichen und trocknen lassen.
4. Den runden Gitterpflanzkorb zurechtschneiden und mit Fix All-Klebstoff einkleben.
5. Verschiedene Kalksteine, als Erdbegrenzung und zur Dekoration, in die Schale einstapeln.
6. Die Pflanzerde einfüllen.
7. Die Bepflanzung vornehmen, gut andrücken und angießen.
8. Das Wasser langsam in die Schale einfüllen.

Eine Grundierung ermöglicht eine spätere Lackierung.

Flüssiger Kunststoff sorgt für eine gute Abdichtung und Haltbarkeit.

Alles steht zur Gestaltung und Bepflanzung bereit.

Fix All von Soudal verwende ich hier als Klebstoff.

Vor der Bepflanzung wird etwas Pflanzerde eingefüllt.

Die Erstbepflanzung ist fertig.

Kardinalslobelie (*Lobelia cardinalis*) ersetzt. Die leuchtend rote Lobelie ist eine wunderschöne Staude.

Eine ‚Langspielplatte' in der Blütezeit ist die Gauklerblume (*Mimulus luteus*) mit ihren zahlreichen Sorten in unterschiedlichen Blütenfarben. Die Blütezeit beginnt Anfang April und endet erst Ende Juli. Sie wundern sich über die unterschiedlichen Blütenfarben der

Eine gefüllte Sumpfdotterblume ist nicht üblich.

Gauklerblume? Ich mich auch, denn versprochen war Gelb.

Vor der Gauklerblume blüht von März bis Mitte April die Sumpfdotterblume (*Caltha palustris*), hier die gefüllte Sorte 'Multiplex'.

Als Wasserpflanze habe ich einen Froschbiss (*Hydrocharis morsus-ranae*) eingesetzt, der von den Nährstoffen im Wasser lebt.

Die Gauklerblume und Kardinalslobelie werden den Winter sicherlich nicht überleben und müssen jährlich neu gekauft werden. Auch die Samen vom Froschbiss haben keine Überlebenschance, wenn das Gefäß durchfriert. Ich gehe davon aus, dass eine Eisschicht auch die Steinaufbauten verändert und diese dann im Frühjahr neugestaltet werden müssen.

Meine Erfahrungen

Sumpfdotterblume, Gauklerblume und Kardinalslobelie decken einen Blütenzeitraum von März bis Ende September ab und sind meine Pflanzempfehlung für eine lange Blütezeit.

Die Gauklerblume war in gelber Blüte angekündigt. Und plötzlich hatte sie eine andere Farbe. Mutiert?!

Ganz in Weiß

Rechteckiges Kunststoffgefäß

Material

- Kunststoffgefäß
- Passende Pflanzgefäße
- Material zur Höhenanpassung der Pflanzgefäße
- Pflanzen
- Teicherde
- Wasser

Werkzeug

- Zollstock
- Handschuhe
- Gießkanne
- Eisdruckpolster

Arbeitszeit	ca. 2-3 Stunden
Kosten gesamt	80-120 €
Winterhärte	Schutz notwendig
Ergebnis	eingeschränkt empfehlenswert wegen der leichten Gefäßverformung und dem notwendigen Frostschutz

Ich habe intensiv in Bau- und Gartenmärkten nach einem rechteckigen Kunststoffgefäß ohne Abflusslöcher geschaut. Für eine Wasserfüllung sind diese Gefäße nicht gedacht und werden auch nicht als Miniteich angeboten. Zweckentfremdet habe ich Gefäße der Firma Geli aus der Serie Kubus. Die Gefäße sind doppelwandig ohne Bodenablauf, nehmen aber bei Wasserfüllung eine leichte Verformung an. Mit einem Eisdruckpolster überstand das Gefäß den Winter problemlos. Die Verformung der Außenschale ist verständlich, weil eine Verformung der Innenschale (durch den Wasserdruck) den Druck an die Au-

Dieses Bild ist Anfang Juni gemacht. Die Zwergseerose (oben im Bild) zeigt erste Blüten.

Die Irisblüte der Sorte 'Snowdrift' zeigt eine leichte Zeichnung.

Mit einem Eisdruckpolster hat der Kübel den Winter gut überstanden.

ßenschale weitergibt. Ich finde die Verformungen nicht sonderlich störend. Das doppelwandige Gefäß hat die Maße 80 x 30 Zentimeter und eine Höhe von 26 Zentimetern.

Im Wintertest hatte ich auch einwandige Kunststoffgefäße, bei denen oftmals bei Belastungen die oberen Ränder einreißen und eine wesentlich stärkere Verformung der Längswände auftritt.

Das Pflanzthema ‚Weiß' ist mein Lieblingsthema. Es ist faszinierend und leuchtet sogar im Mondschein. Hinzu kommt, dass die Pflanzenauswahl für einen Miniteich riesig ist.

Neben der Seerose *N. tetragona* ist Graspfeilkraut (*Sagittaria graminea*), weißes Sumpfvergissmeinnicht (*Myosotis palustris* 'Ice Pearl'), weiße Wasseriris (*Iris laevigata* 'Snowdrift') und weißblühendes Lippenmäulchen (*Mazus reptans* 'Alba') gepflanzt.

Im Sommer habe ich dann eine Umpflanzung vorgenommen, das Sumpfvergissmeinnicht entfernt und statt des Graspfeilkrauts eine großblütige Wasseranemone (*Anemopsis californica*) eingesetzt.

Es gibt auch weiße Sumpfdotterblumen und auch Froschbiss, Wasserhahnenfuß, Froschlöffel, Sumpfcalla, Brunnenkresse blühen weiß. Ebenso weißes Hechtkraut und, und, und .....

Umgestaltung mit *Anemopsis californica* und einer Englischen Wasserminze (*Preslia cervina* 'Alba').

Arbeitsschritte

1. Den Standplatz bestimmen.
2. Die Bepflanzung eintopfen und angießen.
3. Mit nicht schwimmfähigen Materialien die Pflanztöpfe in der Höhe ausrichten und in das Wassergefäß stellen.
4. Langsam Wasser in das Gefäß einfüllen.

Die Höhenanpassung der Pflanztöpfe ist oftmals schwierig, weil passende Materialien fehlen. Flächig kann man gut Sand oder feinen Splitt verwenden. Gute Erfahrungen habe ich auch mit Fliesen oder Ziegeln als Unterbau gemacht.

Erfahrungen

Es wurden Umpflanzungen vorgenommen. Das weiße Lippenmäulchen hat sich bei mir nicht bewährt. Viel Beachtung erfahren die Zwergseerose und die Wasseranemone.

Das Zwergpfeilkraut blüht leider nur kurz.

Ein junger Turmfalke ist kein typischer Besuch am Wasserbecken.

Blau wie Meer und Himmel

Kunststoffgefäß mit Umrandung

Arbeitszeit	ca. 2-3 Stunden
Kosten gesamt	100-140 €
Winterhärte	nicht getestet, vermutlich gut
Ergebnis	empfehlenswert*

* Die Auffüllung der Hohlräume zwischen Kunststoffschale und Holzumrandung ist aufwendig!

Es werden in dieser Serie verschiedene Formen und Größen angeboten.

Blau ist die Farbe der Ruhe und des Himmels, aber auch der Melancholie. Die Blüte beginnt mit der asiatischen Sumpf-Schwertlilie (*Iris laevigata*), im Sommer folgt das Hechtkraut (*Pontederia cordata*), das Lippenmäulchen (*Mazus reptans*) und die tropische Seerose (*Nymphaea* 'Tina'). Die tropische blaue Seerose schlägt mit 25 bis 30 Euro zu Buche und soll der Eyecatcher werden. Der Bachehrenpreis

Im unteren Bereich habe ich mehrfach Vlies zum Höhenausgleich eingesetzt.

Die Blütenkerze des Hechtkrauts besteht aus vielen Einzelblüten.

Material

- Kunststoff-Innengefäß mit Holzumrandung
- Material zur Höhenanpassung und Seitenstabilisierung des Innengefäßes
- Passende Pflanzgefäße
- Pflanzen
- Teicherde
- Wasser

Werkzeug

- Zollstock
- Schere
- Handschuhe
- Gießkanne

Nun kann endlich das Wasser eingefüllt werden.

Arbeitsschritte

1. Den Standplatz bestimmen.
2. Den Kunststoffeinsatz nach Anweisung in den Rahmen setzen und Hohlräume ausfüllen.
3. Die Bepflanzung eintopfen und angießen.
4. Mit nicht schwimmenden Materialien die Pflanztöpfe in der Höhe ausrichten und in das Wassergefäß setzen.
5. Langsam Wasser in das Gefäß einfüllen.

(*Veronica beccabunga*), das Sumpfvergissmeinnicht (*Myosotis palustris*) und die Naturform der Sumpfiris (*Iris sibirica*) sind alternative heimische blaue Blüher.

Das Hechtkraut darf im Winter nicht einfrieren und die tropische blaue Seerose überlebt auch keinen frostigen Winter im Wasserkübel. Da ist dann Überwinterung im Gewächshaus angesagt. Vielleicht übernimmt Ihre Lieblingsgärtnerei eine professionelle Überwinterung.

Die Bepflanzung ist erst einmal abgeschlossen.

Erfahrungen

Trotz allen Bemühens zeigte der Kunststoffrand über dem Holz bei mir leichte Wellen. Ich habe die Ränder mit kleinen Nägeln fixiert. Den Kriechenden Mazus (Blaues Lippenmäulchen) habe ich (noch) nicht zum Blühen bekommen!

Nympaea 'Tina' (rechts) blüht zuverlässig, ist aber leider nicht winterhart. Das Sumpfvergissmeinnicht ist eine gute Alternative.

Ab Mitte Juli blühen das Hechtkraut und die tropische Seerose.

Insektenfreundliche Bienenweide

Materialmix in rechteckiger Form

Die niedrigen Gewächse wie die Poleiminze wurden von Schnecken abgefressen.

In Gartenmärkten werden häufig rechteckige Pflanzgefäße aus z. B. fiberglasverstärktem Steingemisch für In- und Outdoor angeboten. Sie besitzen Abflusslöcher und machen damit deutlich, dass sie nicht als Wasserbecken konzipiert wurden.

Hier verwende ich ein Gefäß in den Maßen 65 x 30 Zentimeter mit einer Höhe von 30 Zentimetern. Den Ablauf habe ich mit einem flachen Kieselstein und Fix All von Soudal zugeklebt und das Gefäß am nächsten Tag mit flüssigem Kunststoff von innen angestrichen, das gewährleistet die Wasserdichte. Solche Anstriche sollten Sie wegen der chemischen Ausdünstungen, wenn möglich, im Freien vornehmen. Auf eine Grundierung habe ich verzichtet.

Arbeitszeit	ca. 2-4 Stunden an mehreren Tagen
Kosten gesamt	70-100 €
Winterhärte	Schutz ist notwendig
Ergebnis	eingeschränkt empfehlenswert wegen der begrenzten Wintertauglichkeit

Bevor wir mit der Abdichtung und der Versiegelung beginnen, wird die Schale gründlich gereinigt.

Bereits abgedichtet, wird jetzt mit flüssigem Kunststoff versiegelt.

Material

- Gefäß
- Stopfen und Klebstoff
- Flüssiger Kunststoff
- Passende Pflanzgefäße
- Material zur Höhenanpassung der Pflanzgefäße
- Pflanzen
- Teicherde
- Wasser

Werkzeug

- Zollstock
- Pinsel
- Klebepistole
- Handschuhe
- Gießkanne
- Eisdruckpolster

Ich konnte das Gefäß noch nicht auf Winterhärte erproben, aber mit einer halbhohen Wasserfüllung und zwei bis drei kleinen Eisdruckpolstern sollte eine Überwinterung ohne Frostschäden gelingen.

Bei der Bepflanzung habe ich insektenfreundliche Stauden gewählt. Sie werden auch Bienenweide genannt. Es ist umweltbewusst und interessant, sich dieses Themas intensiver anzunehmen. Im Teichumfeld sind die Büschelrose und der Holunder eine insektenfreundliche Empfehlung.

Ich habe mich bei dem Material-Mix-Gefäß für Blutweiderich (*Lythrum salicaria*), Wasserdost (*Eupatorium cannabinum*), Mädesüß (*Fil-*

Der Dost lockt auch Schmetterlinge an, hier das Pfauenauge.

Arbeitsschritte

1. Die Wasserabläufe abdichten.
2. Innenanstrich mit flüssigem Kunststoff vornehmen.
3. Die Pflanzen in passende Gefäße topfen und angießen.
4. Mit nicht schwimmfähigen Materialien die Pflanztöpfe in der Höhe ausrichten und in das Wassergefäß setzen.
5. Wasser ins Gefäß einfüllen.

ipendula ulmaria) und Poleiminze (*Mentha pulegium*) entschieden. Es sind Sumpfpflanzen, die kurzfristig auch überflutet stehen können. Sie blühen nahezu gleichzeitig im Hochsommer.

Aber auch Sumpfdotterblumen (*Caltha palustris*), Wasserknöterich (*Persicaria amphibia*) und noch viele andere, meist heimische Stauden, passen zu diesem Thema.

Von oben nach unten. Blutweiderich, Mädesüß und Gemeiner Dost.

Erfahrungen

Die Poleiminze ist nicht zum Verzehr geeignet! Sie überlebte leider nicht, weil Schnecken sie sehr lecker fanden.

Hummeln sind langsamer als Bienen unterwegs und daher einfacher zu fotografieren.

Auch das Mädesüß lockt viele Insekten an. Es blüht etwas früher als der Blutweiderich.

Die verschiedenen Sorten des Blutweiderich blühen insbesondere im Juli und August.

Im zeitigen Frühjahr zeigen sich die Blüten der Sumpfdotterblume und der Sumpfprimel/Rosenprimel (oben links im Bild). Die Hauptblütezeit der meisten Wasserpflanzen ist im Sommer.

Es grünt so grün

Kleine Zinkwanne

Das Zinkgefäß wird nach der Reinigung abgedichtet. Der Kleber ist überstreichbar!

Ein bis zwei Anstriche mit flüssigem Kunststoff verhindern eine Schwermetallbelastung des Wassers.

Die Zinkwanne mit ca. 35 Liter Volumen habe ich für 30 Euro im Internet bestellt. Ein Grundierungsanstrich und zwei Anstriche mit Flüssig-Kunststoff versiegeln die Zinkbeschichtung im Innenbereich und sorgen auch für eine zusätzliche Abdichtung. Einen Winter mit

Das Gefäß ist nach Trocknung als Miniteich gut geeignet.

Material

- Zinkgefäß
- Grundierung
- Flüssig-Kunststoff
- Passende Pflanzgefäße
- Material zur Höhenanpassung der Pflanzgefäße
- Pflanzen
- Teicherde
- Wasser

Werkzeug

- Zollstock
- 2 Pinsel
- Handschuhe
- Wasserschlauch oder Gießkanne

Ab ca. 120 Liter Volumen sind ältere Zinkgefäße (alte Zinkbadewannen) meist winterfest.

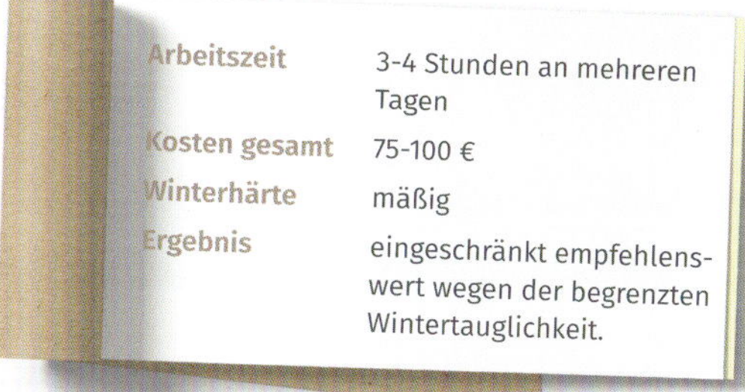

Arbeitszeit	3-4 Stunden an mehreren Tagen
Kosten gesamt	75-100 €
Winterhärte	mäßig
Ergebnis	eingeschränkt empfehlenswert wegen der begrenzten Wintertauglichkeit.

Arbeitsschritte

1. Das Zinkgefäß reinigen, innseitig grundieren und trocknen lassen.
2. 1-2 Anstriche mit Flüssig-Kunststoff vornehmen und den Anstrich trocknen lassen.
3. Die Staudenauswahl in passende Töpfe pflanzen und angießen.
4. Die Töpfe mit Bepflanzung in das Gefäß stellen und bei Bedarf mit Steinen oder anderen Materialien anpassen.
5. Das Wasser langsam einfüllen.

-10 Grad über fünf Tage lang würde das Gefäß jedoch nicht überleben. Die Nähte halten solche Druckbelastungen nicht aus. Also ist es besser, das Gefäß im Winter zu entwässern und die Pflanzen etwas geschützt in einen Maurerkübel mit Wasser umzusiedeln.

Hier geht es um den sparsamen Umgang mit Blütenfarbe. Es sind die Blattfarben und unterschiedliche Blatt- und Blütenformen, die diese Auswahl interessant machen. Wenn dann noch ein wenig Wind für Bewegung in den Halmen sorgt, entsteht eine besondere Stimmung.

Extras im Umfeld

- Zwei Eimer aus verzinktem Blech mit Abflusslöchern im Boden
- Pflanzen
- Blumenerde

Hier ist die Bepflanzung eingebracht und es kann gewässert werden.

Der Schachtelhalm ist ein ursprüngliches Gewächs. Auch der Tannenwedel hat einen speziellen Wuchs.

Hier wurde das hohe Zyperngras durch *Cyperus haspan* ersetzt.

Mit dem Zyperngras (*Cyperus alternifolius*) verbinde ich viele südliche Urlaubserinnerungen. Es ist nicht winterhart. Der Teichschachtelhalm (*Equisetum japonicum*) und der Tannenwedel (*Hippuris vulgaris*) sind besonders markante Gewächse, die archaisch wirken und zu den Anfängen der Pflanzenentwicklung führen. Der Zwergrohrkolben (*Typha minima*) ist heimisch und geschützt. Nur unter idealen Bedingungen kann man seine kleinen braunen Blütenkolben bewundern.

Der Teichschachtelhalm und auch der Tannenwedel können Wassertiefen von 20 bis 30 Zentimetern noch gut vertragen, während das Zyperngras und der Kleine Rohrkolben nur einen flachen Wasserstand mögen.

Als Extras ergänzen zwei Zinkeimer mit Bepflanzung das Thema. Ich habe Abflusslöcher in die Böden der Töpfe gebohrt, denn sowohl der Strandhafer (*Ammophila arenaria*) als auch das Japanische Blutgras (*Imperata cylindrica* 'Red Baron') vertragen keine Staunässe.

Während mich der Strandhafer an die Nordsee und die Dünenlandschaft erinnert, ist das Blutgras durch seine markante Blattfärbung attraktiv. Eine eindrucksvolle Alternative ist der Schwarzblättrige Schlangenbart (*Ophiopogon planiscapus* 'Niger') ,aber vielleicht gefallen Ihnen auch ganz andere Gräser als Begleitpflanzung.

Erfahrungen

Von den Proportionen eignet sich in kleinen Wassergefäßen der Zwergpapyrus (*Cyperus haspan*) besser als das hohe Zyperngras (*Cyperus alternifolius*).

Markante Muster

Eiserne Feuerschale

Die Sorte *Houttuynia cordata* 'Chameleon' zeigt sich noch etwas bunter im Laub als die Art.

◀ Die Bepflanzung entwickelt sich gut.

Arbeitszeit	2-4 Stunden an mehreren Tagen
Kosten gesamt	ca. 80-100 €
Winterhärte	gut
Ergebnis	empfehlenswert*

* Anmerkung: Größere Feuerschalen bieten mehr Möglichkeiten für die Bepflanzung. Der Rost an der Außenschale kann auf dem Standplatz zu Verfärbungen/Flecken führen!

Material

- Feuerschale
- Handschuhe
- Reinigungsmaterial
- Grundierung
- Deckfarbe
- Teichrandabgrenzung oder runder Pflanzkorb
- Fix All Kartuschen-Kleber
- Pflanzen
- Teicherde
- Wasser

Werkzeug

- Schleifpapier
- Pinsel
- Kartuschen-Pistole
- Handschuhe
- Wasserwaage
- Gießkanne

Auf die notwendige Vorbehandlung von Eisen- und Feuerschalen wurde bereits hingewiesen. Hier stelle ich eine Feuerschale mit 50 Zentimeter Durchmesser und einer Wasserhöhe von max. 14 Zentimetern vor. Ein minimalistisches Wasserprojekt mit einer kleinen runden Wasserfreifläche in der Mitte und einer symmetrischen Sumpfbepflanzung zum Schalenrand hin.

Damit der Lack besser haftet, ist eine Grundierung notwendig.

Eine Lackierung verhindert eine Schadstoffbelastung des Wassers.

Teichband anpassen oder einen stabilen Pflanztopf einsetzen.

Nun kann die Bepflanzung vorgenommen werden.

Die Erde muss gut angedrückt werden.

Fertig! Die Schale wird an den Standplatz gebracht.

Die Randbegrenzung im Innenbereich ist mit einem schmalen PVC-Band (Rasenkante, PVC, 2 mm) zugeschnitten und dann mit Soudal Fix All punktuell eingeklebt. Man kann auch einen großen Pflanztopf oder Baueimer im Bodenbereich zurechtschneiden und wasserdurchlässig einkleben, was sicherlich dann preiswerter ist, wenn das PVC-Band keine weitere Verwendung findet. Die Oberkante der Abgrenzung liegt etwas niedriger als die Außenkante der Schale.

Gut eingewachsen und gut versorgt, blüht die *Iris ensata* zuverlässig im Juni.

Das Thema ist hier die Verwendung variegater Pflanzen, also Pflanzen, die ein markantes Blattmuster besitzen und uns darüber hinaus farbenfroh ins Auge fallen. Blüten sind hier von geringerer Bedeutung. Diese Pflanzensorten blühen durch Chlorophyll-Mangel weniger intensiv als die Naturformen. ‚Weniger ist mehr' – und so habe ich nur zwei variegate Sumpfpflanzen in die Schale eingesetzt. Die symmetrische Anordnung der Pflanzen macht das Thema zusätzlich interessant.

Gepflanzt habe ich die Japanische Sumpfiris (*Iris ensata* 'Variegata') und den bunten Eidechsenschwanz (*Houttuynia cordata*). Die Sorte 'Chameleon' zeigt sich noch etwas bunter im Laub. Bei größeren Schalen könnte in der Wassermitte noch eine hohe Zebrasimse attraktiv aussehen. Ich denke, dass der Eidechsenschwanz in dieser Anpflanzung nicht winterhart ist.

Durch den Standring kann die Schale an alle Neigungen angepasst werden.

Arbeitsschritte

1. Die Schale im Innenbereich fettfrei reinigen.
2. Mit feinem Schleifpapier die Schale im Innenbereich anrauen.
3. Die Schale im Innenbereich mit Grundierung versehen und trocknen lassen.
4. Mit einer passenden Deckfarbe (z. B. Flüssig-Kunststoff) die Schale im Innenbereich anstreichen und trocknen lassen.
5. Eine Randbegrenzung (PVC-Rasenkante) passend schneiden, verbinden und mit Fix All punktuell in die Schale einkleben und trocknen lassen.
6. Die Pflanzerde in die Randzone einfüllen und die Bepflanzung vornehmen.
7. Das Erdreich fest andrücken und bei Bedarf mit Sand abdecken.
8. Das Wasser langsam einfüllen.

Variegate Exemplare gibt es u. a. auch bei einigen Seerosen sowie bei der Teichsimse, Kalmus, Günsel, Immergrün, Gilbweiderich, Herzlilien und einigen Gräsern. Die Auswahl sollte mit Bedacht gewählt werden, denn ein Zuviel an unterschiedlichen Mustern wirkt verwirrend.

Erfahrungen

Die Ableger der Iris blühten im ersten Pflanzjahr nicht.

‚Gelb' aus unseren Breiten

Im halben Weinfass

Bestellt, aufgestellt und mit Wasser befüllt. Mit einem Durchmesser von 60 Zentimetern und einer Höhe von 35 Zentimetern passen ca. 80 Liter in das Gefäß. Gefüllt im Spätherbst, und im kommenden Frühjahr war dann ein Wasserwechsel mit Innenwandsäuberung des Fasses notwendig. Es hatte sich an den Wandungen ein dunkler Pilz gebildet. Zufall oder Nachgärung? Auf jeden Fall nicht typisch für Wassergefäße.

Den Winter hatte das Fass mit einem Frostdruckpolster gut überstanden. Die Bepflanzung nahm ich von Anfang bis Ende Mai vor. Weitere Wasserwechsel, aufgrund untypischer Wassertrübungen, fanden Mitte Juni und nochmals Anfang August statt.

Das halbe Weinfass steht bei mir im Halbschatten und im Umfeld wachsen Hortensien. Als The-

Ein Zustellgefäß erweitert die Bepflanzung mit Sumpfdotterblume und Milzkraut.

Arbeitszeit	3-5 Stunden
Kosten gesamt	100-150 €
Winterhärte	gut
Ergebnis	empfehlenswert

ma habe ich eine gelbe heimische Bepflanzung gewählt. Eine Seekanne (*Nymphoides peltatum*) dient als Seerosenersatz und in Kombination mit unserer heimischen Wasseriris (*Iris pseudacorus*), dem hohen Zungen-Hahnenfuß (*Ranunculus lingua*) und einem Strauß-Felberich (*Lysimachia thyrsiflora*) ergibt sich ein strukturierter Anblick. Ein Pfennigkraut (*Lysimachia nummularia*) passt noch gut an den Außenrand und ist in diesem Beispiel gemeinsam mit einem Brennenden Hahnenfuß (*Ranunculus flammula*) auf die Erdoberfläche des

Unsere heimische gelbe Wasseriris ist in der Blütezeit auffallend schön.

Ob es ein Rotweinfass war?

Leider bildete sich mehrmals ein schwarzer Schimmelpilz. Reinigung schuf Abhilfe!

Sauber geschrubbt ging es in den Winter. Eisbildung war kein Problem.

Die Pflanzen in gelber Blütenfarbe und an den Wasserspiegel angepasst.

Material

- Halbes Weinfass
- Passende Pflanzgefäße
- Gegebenenfalls 2-3 Pflastersteine zur Höhenanpassung der Pflanzgefäße
- Pflanzen
- Teicherde
- Wasser

Werkzeug

- Wasserwaage
- Zollstock
- Handschuhe
- Wasserschlauch oder Gießkanne

Zungenhahnenfußes gestellt. Wenn dann noch der Gewöhnliche Wasserschlauch (*Utricularia vulgaris*) als Schwimmpflanze hinzukommt, ist das Thema ‚Gelb' perfekt umgesetzt.

Als Besonderheit zeigt die Wasseriris eine gelbgrüne variegate Form und das gelbblättrige Pfennigkraut ist die Sorte 'Aurea'. Die beiden ‚Sonderlinge' gibt es natürlich auch in einem üblichen Blattgrün.

Als optische Ergänzung habe ich noch ein hohes Zinkgefäß mit einem wasserdichten Behälter versehen, in dem eine Sumpfdotterblume (*Caltha palustris*) mit Milzkraut (*Chrysosplenium oppositifolium*) wächst.

Als Ersatz für die Seekanne, könnte auch eine Kleine Teichmummel (*Nuphar pumila*) kultiviert werden. Eine der schönsten gelben Sumpfpflanzen ist die heimische Sumpf-Wolfsmilch (*Euphorbia palustris*), die aber 80 bis 100 Zentimeter Wuchshöhe erreicht.

Damit die Pflanzgefäße mit den höheren Pflanzen eine entsprechende Standfestigkeit bekommen, habe ich bei der Befüllung der Pflanztöpfe zuunterst Steine in die Gefäße gebracht.

Wenn Sie noch mehr Platz für Gefäße mit Sumpfpflanzen haben, dann sollten Sie die halbhohe Trollblume (*Trollius europaeus*) im Blick haben. Das intensiv leuchtende Gelb der Blüten ist eine Pracht.

Arbeitsschritte

1. Das Weinfass mit einem Scheuerschwamm nass von innen reinigen und ausspülen.
2. Den Stellplatz wählen und das Fass waagerecht ausrichten.
3. Die Pflanzen in passende Töpfe einsetzen und angießen.
4. Die Töpfe mit Bepflanzung in das Fass stellen und bei Bedarf mit Pflastersteinen oder anderen Materialien in der Höhe anpassen.
5. Leitungswasser langsam in das Fass einfüllen.

Technikeinsatz

Eine kleine schwache Outdoor-Pumpe könnte bei Bedarf für leichte Wasserbewegung und Sauerstoffanreicherung sorgen.

Der Brennende Hahnenfuß breitet sich schnell und stark aus.

Erfahrungen

Es waren mehrere Wasserwechsel mit Gefäßreinigung notwendig. Den Brennenden Hahnenfuß habe ich nach kurzer Zeit wieder entfernt, da er sich nach meinem Geschmack zu unkontrolliert ausbreitete. Das Pfennigkraut 'Aurea' habe ich durch ein übliches (*Lysimachia nummularia*) ersetzt, das dichter wächst und intensiver blüht. Der Zungenhahnenfuß musste bei Sturm mit dünnen Stäben vor dem Umkippen gesichert werden.

Alle Pflanzen sind heimisch und blühen gelb.

Bepflanzte Zink- und Holzgefäße ergeben ein sehr stimmungsvolles Bild.

Steinig mit Bewegung

Gabionen-Hochteich

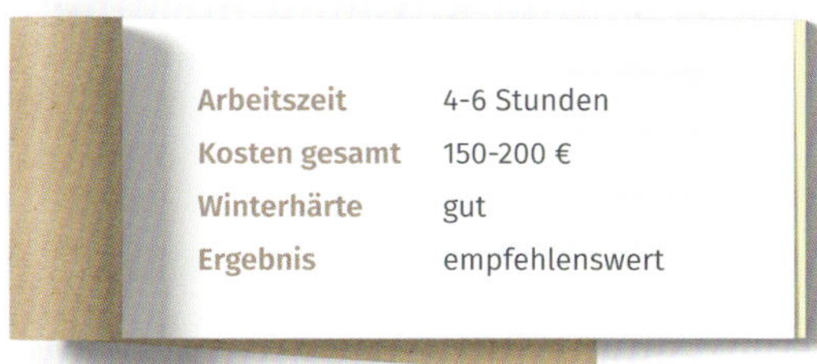

Arbeitszeit	4-6 Stunden
Kosten gesamt	150-200 €
Winterhärte	gut
Ergebnis	empfehlenswert

Material

- Bausatz Hochteich
- 165 Kilo Gestein (hier Basalt)
- Bei Bedarf Zusatzvlies für den Boden
- Pflanzgefäße
- Pflanzerde
- Pflanzen
- Wasser

Werkzeug

- Schubkarre
- Handschuhe
- Wasserwaage
- Zollstock
- Schere
- Hammer
- Wasserschlauch oder Gießkanne
- Schaufel und Kehrblech

Der Bausatz für den Gabionen-Hochteich wurde dankenswerterweise von der Firma Bellissa zur Verfügung gestellt. Nach meiner Markt-Recherche gibt es keinen weiteren Anbieter für diesen Produktbereich.

Meine Angaben beziehen sich auf den kleinen Gabionen-Hochteich (Außenmaß 92 Zentimeter, Innenmaß 72 Zentimeter, Höhe 40 Zentimeter). Geliefert wird der Käfig mit Schutzvlies und Folienabdichtung. Das Füllmaterial müssen Sie nach Ihrem Geschmack dazu kaufen. Die Füllmenge wird in der Produktbeschreibung genau angegeben.

Wenn Sie sich an die Bauanleitung und die angegebenen Maße halten, dann werden Sie mit dem Bauergebnis sehr zufrieden sein. Besonders beeindruckt hat mich die genau geformte Teichabdichtung. Nachgebessert habe ich bei einem Schutzvlies am Bodengrund, der nicht eingeplant ist. Als Gabionen-Füllung

Wenn die Bauanleitung genau befolgt wird, sieht so der fertige Käfig aus.

Die Steinfüllung erfolgt mit Bedacht. Der Käfig hat keinen geschlossenen Boden und ein Standortwechsel geht nicht.

habe ich 7 x 25 Kilo Basalt, in der Körnung 40 bis 70 Millimeter, verwendet. Ähnlich in der Färbung ist Kalkstein. 25 Kilo Gestein kosten ca. 15 bis 20 Euro. Die Wasserfüllung beträgt ca. 160 Liter.

Die Bepflanzung ist sparsam. Ausgesucht habe ich die Teichsimse (*Schoenoplectus lacustris* 'Variegata'). Sie ist sehr wüchsig, erreicht eine Höhe von 150 Zentimetern und verträgt die Wasserbewegung.

Eine Pflanzalternative wären auch andere hochwachsende Wasserstauden. Der Schwimmfarm wurde „eingeschleppt", er verträgt an dieser Stelle auch Wasserbewegung.

Die trockene Teichrandbepflanzung (s.S. 76) zeigt *Sedum*- und *Sempervivum*-Sorten, die zur Steinlandschaft passen und nur selten gewässert werden müssen.

Als Extra habe ich den Wasserspeier ‚Yoga-Frosch' mit einer passenden Pumpe installiert. Diese Zusatzkosten betragen ca. 90 Euro.

Die eingesetzte Pumpe verbraucht 8 Watt in der Stunde, das sind ca. 5 Cent pro Tag.

Das Anstrengendste an diesem Projekt ist sicherlich die Einbringung des Gesteins. Ich habe ein Handschuhpaar verschlissen und die 25 Kilo-Säcke mit Gestein rückenfreundlich mit einer Schubkarre zum Hochteich bewegt.

Erfahrungen

Der Käfigaufbau hält genau. Das Wasservolumen bietet verschiedene Gestaltungsmöglichkeiten. Die Verlegung der Druckleitung zum Frosch war ohne Knicke oder große Bögen schwierig, und ich habe Schlauchzubehör (90°-Winkel) eingesetzt.

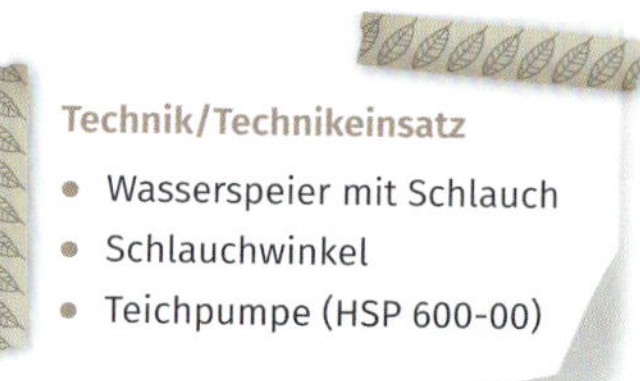

Technik/Technikeinsatz

- Wasserspeier mit Schlauch
- Schlauchwinkel
- Teichpumpe (HSP 600-00)

Das Projekt ist fertig. Es fehlen noch die weitere Bepflanzung und die Technik.

Kinder halten gerne mal einen Finger auf den Auslauf. Es spritzt dann schön!

Arbeitsschritte

1. Die Ware auspacken.
2. Die Aufbauanleitung lesen und verstehen.
3. Den inneren Käfig wie vorgegeben genau montieren und das Maß überprüfen. Hinweis: Dies ist wichtig, da die Folienabdichtung sehr passgenau gefertigt ist.
4. Den äußeren Käfig wie vorgegeben einmessen und montieren.
5. Einen waagerechten Standort bestimmen und die Käfige aufstellen.
6. Beide Käfige mit den Abstandshaltern auf drei Höhen in gleichen Abständen verbinden. Hinweis: Sollte es hier zu ungleichmäßigen Verformungen der Käfige kommen, dann haben Sie nicht genau die Durchmesser der Käfige gemessen und können dann den Außenkäfig in seiner Einstellung etwas verändern und anpassen.
7. Das Gestein bis zu 80 % Höhe in den Zwischenraum einbringen.
8. Die Füllung durch Stöße behutsam verdichten. Vorsicht: Achten Sie darauf, dass die Käfige ihre Bodenhaftung behalten und keine Lücke zwischen Standboden und Käfigunterkante entsteht!
9. Die scharfen Kanten im Innenbereich mit einem Hammer begradigen. (Bei runder Kieselfüllung nicht notwendig!)
10. Das Schutzvlies im Innenbereich nach Anleitung einbringen.
11. Persönliche Ergänzung: Ein Schutzvlies im Bodenbereich einlegen!
12. Die Folienabdichtung in einem Kübel mit heißem Wasser erwärmen.
13. Die Folienabdichtung nach Anleitung einbringen und ausrichten.
14. Das Wasser bis zu den oberen Steinen auffüllen.
15. Bei Bedarf Pflanzgefäße in den oberen Steinmantel einsetzen.
16. Den Steinmantel bis zur Oberkante auffüllen.
17. Das Wasser bis zur Oberkante nachfüllen.
18. Die Pflanztöpfe einsetzen und gegebenfalls mit Ziegeln oder anderen Materialien an die Höhe anpassen.

Der Innenring ist mit Schutzvlies ausgelegt und die Folie wird im heißen Wasser weich.

Die Dichtfolie ist eingebaut und Wasser zum Teil eingefüllt. Jetzt kommt die Randgestaltung.

Kleine Pflanztöpfe können in den Rand eingesetzt werden.

Beleuchtetes Wasserspiel

Geometrische Teichschale

Hier plätschert es deutlich hörbar.

Arbeitszeit	6-8 Stunden
Kosten gesamt	100-150 €
Winterhärte	gut
Ergebnis	empfehlenswert

Die Entsorgung von Erdreich kann zu zusätzlichen Kosten führen.

Solche Projekte sind mit runden, rechteckigen oder quadratischen Schalen machbar. Diese Schalen besitzen keine vorgeformten Pflanzzonen, sondern sind ohne Bepflanzung für Wasserspiele oder eine sparsame Bepflanzung ohne Sumpfzone gedacht. Ideal sind Schalentiefen zwischen 40 und 50 Zentimetern.

Für dieses Projekt ist keine Teichbepflanzung, sondern ein Wasserspiel mit Beleuchtung vorgesehen.

Vorsicht: Ohne Aussteighilfe sind Gefäße ohne Sumpfzone für Tiere gefährlich. Planen Sie an einer Stelle einen „Notausgang“ mit Steinen, Geflecht oder Holz ein!

Ca. 350 Liter Erdaushub fallen an – vier Schubkarren voll.

Die Stellfläche muss waagerecht eingerichtet werden.

Das Einschlämmen der Schale wird mit Sand vorgenommen.

Die Bepflanzung ist weniger anstrengend als die Erdarbeiten.

In meinem Projekt verwende ich eine quadratische Teichschale der Firma Heissner, auf die 10 Jahre Garantie angeboten werden.

Die Schalenmaße betragen 79 x 79 Zentimeter, mit einer Tiefe von 45 Zentimetern. Das sind mit Berücksichtigung der Schrägen ca. 200 Liter Wassermenge. In gemäßigten Klimaregionen reicht dieses Wasservolumen meist aus, damit das Wasser im Winter nicht ganz durch-

Ein runder Maurerkübel mit 90 Liter Volumen kostet im Baumarkt ca. 10 Euro. Er wird durch den Erdeinbau zwar zweckentfremdet, aber es klappt auch.

An dieser Stelle sollte die quadratische Schale mit Wasserspiel und Beleuchtung eingebaut werden.

Arbeitsschritte

1. Die Teichschalenform mit den Außenmaßen im Erdreich markieren.
2. Das Erdreich mit 5-7 Zentimeter Abstand zur Teichschale ausheben und entsorgen. Am Bodengrund eine ca. 5 Zentimeter hohe Sandfüllung einplanen.
3. Die Grube nach Steinen und Scherben absuchen.
4. Den Bodengrund ca. 5 Zentimeter hoch mit Sand bedecken und den Sand waagerecht glätten.
5. Die Teichschale einsetzen und durch Druck und leichtes Drehen waagerecht ausrichten.
6. Bis zu einem Drittel hoch Wasser in die Schale füllen.
7. Wasser in die Baugrube geben und die Schale am Bodengrund einschlämmen.
8. Nochmalige Kontrolle der Ausrichtung mit der Wasserwaage.
9. Den Raum zwischen Teichschale und Erdreich halbhoch mit Sand füllen.
10. Den Sand mit Wasser einschlämmen.
11. Die Teichschale zu zwei Drittel mit Wasser füllen.
12. Den Raum zwischen Teichschale und Erdreich bis ca. 10 Zentimeter unter den Schalenrand mit Sand auffüllen und den Sand mit Wasser einschlämmen.
13. Den restlichen Raum zwischen Erdreich und dem Rand der Teichwanne mit Blumenerde auffüllen.
14. Die Teichschale mit Wasser auffüllen.
15. Die Randbepflanzung vornehmen und angießen.
16. Eine Aussteighilfe für Tiere anbringen.

Als Randbepflanzung wurde der Günsel in einer dunkelroten Sorte gewählt.

friert und Pflanzen und Wasserschnecken dauerhaft überleben können.

Es müssen ca. 300 bis 350 Liter/Kilo Erdreich ausgehoben werden. Ca. 80 bis 100 Liter/Kilo passen in eine Schubkarre. Haben Sie eine Verwendung oder Entsorgung des Erdreichs eingeplant?

Die Baumrinde in der Schalenecke dient als Aussteighilfe.

Material

- Teichschale 79 x 79 x 45 Zentimeter
- 125-150 kg Sand
- 40-50 Liter Blumenerde
- Randbepflanzung

Werkzeug

- Schubkarre
- Wasserwaage
- Zollstock
- Spaten
- Spitzhacke
- Wasserschlauch oder Gießkanne
- Handschuhe
- Pflanzschaufel
- Kniepolster
- Sammeleimer für Abfälle

Technikeinsatz

- Die Wasserspielpumpe mit Aufsatz einsetzen und höhenmäßig anpassen.
- Die Beleuchtung installieren.
- Die Adapterstecker mit App-Steuerungen der Pumpe und der Lampen anbringen und programmieren.

Die zwei 3 Watt Unterwasserleuchten können bei Bedarf über WLAN und App gesteuert werden.

Technik

- Elektroanschluss im Garten
- Steuerbarer WLAN-Zwischenstecker von Heissner für die Pumpe
- Pumpe (HSP 600-00) mit Wasserspiel
- 220 Volt Teichbeleuchtung mit Transformator, WIFI-Steuerung und 2 Unterwasserlampen

Erfahrungen

Die App-Steuerungen klappen nur, wenn die Adapterstecker zum WLAN-Netz des Hauses Verbindung haben.

Bei Bedarf müssen WLAN-Verstärker installiert werden.

Die Glockenform ist sehr leise. Meist werden zu Pumpen verschiedene Wasserspiele angeboten.

Unterwasserleuchten und Licht-Farbton können über eine App gesteuert werden.

Komplementärfarben Gelb und Blau

Folienteich in natürlicher Form

Dieser kleine Folienteich entsteht in einer relativ ebenen Rasenfläche mit hoher Bepflanzung im Umfeld. Ich mag eine durchgängig bepflanzbare Sumpfzone und es stellt sich dann die Frage, wie man die Sumpfzone von der Tiefwasserzone so abgrenzt, dass kein Erdreich in die Tiefwasserzone abrutschen kann. Die Abgrenzung und Aufkantung der Sumpfzone wird hier durch gestapelte und verdichtete Grasstücke vorgenommen und hat sich bewährt.

Arbeitszeit	10-12 Stunden an mehreren Tagen
Kosten gesamt	250-350 €
Winterhärte	gut
Ergebnis	empfehlenswert

Material

- Schutzplane (für die Zwischenlagerung von Erdreich)
- Teichfolie
- Teichvlies
- Sand
- Teicherde
- Pflanzerde
- Bepflanzung

Werkzeug

- Schubkarre
- Wasserwaage
- Richtlatte
- Markierungshölzer
- Zollstock
- Schere
- Spaten
- Harke
- Spitzhacke
- Wasserschlauch oder Gießkanne
- Handschuhe
- Pflanzschaufel
- Kniepolster
- Sammeleimer für Abfälle

Die Teichform wird waagerecht ausgehoben.

Mit den Grasstücken wird die Flachwasserzone abgegrenzt.

Das Vlies deckt Unebenheiten und kleine Steine sicher ab.

Arbeitsschritte

1. Den Standort bestimmen.
2. Die Form des Gartenteichs mit einem Wasserschlauch einmessen.
3. Das Höhenprofil mit einer Messlatte und Wasserwaage ermitteln und gegebenenfalls Höhenmarkierungen vornehmen.
4. Etwa 10 Zentimeter breite Grasstücke entlang der Form des Gartenteichs mit einem Spaten ausheben und zwischenlagern.
5. Die Teichform 30 Zentimeter tief gleichmäßig ausheben.
6. Das Erdreich gegebenenfalls zur Höhenanpassung im Umfeld verwenden.
7. Die Grasstücke als Abgrenzung zwischen Uferzone und tieferen Wasserzonen einbringen und festdrücken.
8. Die weiteren Pflanzzonen ausheben.
9. Den Teichboden gerade abziehen, nach Steinen und Scherben absuchen und diese entfernen.
10. Bei Bedarf eine dünne Sandabdeckung einbringen.
11. Ein Schutzvlies einbringen und ausrichten.
12. Die Teichfolie einbringen und ausrichten.
13. Das Wasser bis zur Abgrenzung der Uferzone einfüllen.
14. Die Uferzone mit Vlies schützen.
15. Die Pflanzerde in die Uferzone einbringen und verdichten.
16. Die Bepflanzung der Uferzone vornehmen.
17. Bei Bedarf kann die Uferzone mit etwas Sand abgedeckt werden.
18. Das Wasser bis ca. 5 Zentimeter unter Maximalstand auffüllen.
19. Den Rasen im Teichumfeld entfernen, Erde auflockern und Pflanzerde einarbeiten.
20. Das Wasser auf Maximalstand einfüllen.
21. Den Teichrand gegebenenfalls mit Erde von außen und innen angleichen.
22. Einen Überlauf anlegen und mit Steinen gestalten.
23. Das Vlies und die Teichfolie mit 10 Zentimeter Sicherheitsabstand zur Wasserfläche abschneiden.
24. Die Bepflanzung im Teichumfeld vornehmen und angießen.
25. Die Topfpflanzen für die tiefere Wasserzone einbringen.
26. Nach 1-2 Tagen den Teichrand kontrollieren und gegebenenfalls nacharbeiten. Vlies und Teichfolie bis auf 1 Zentimeter Höhe über dem Erdreich abschneiden.
27. Den Überlauf bei Bedarf in der Höhe anpassen.

Über dem Vlies liegt die Folie. Falten lassen sich hier nicht vermeiden.

Die Flachwasserzone wird mit Erdreich befüllt und verdichtet.

Die kleine Seerose 'Helvola' wird eingesetzt. Im Flachwasser sind Ableger der Nadelsimse gepflanzt.

Technikeinsatz

Denkbar wäre eine Solar-Teichpumpe ohne Wasserspielaufsatz.

Vlies und Folie werden mit Rand abgeschnitten. Die Wasserlinie dient als Orientierung.

Im Umfeld wird der Bereich für die Randbepflanzung vorbereitet.

Erfahrungen

Blau kommt zu kurz! Hier sind Nachbesserungen notwendig, wenn das Thema gut umgesetzt werden soll. Es könnten Sumpfvergissmeinnicht, Gedenkemein, Eisenhut, blauer Storchschnabel und natürlich das Hechtkraut für mehr Blau sorgen.

Die Größe dieses organisch geformten Gartenteichs beträgt 300 Zentimeter Länge, 200 Zentimeter Breite und 50 Zentimeter Tiefe. Es wird ein ca. 200 Gramm/m^2 starkes Schutzvlies verwendet. Die Abdichtung erfolgt durch eine 0,5 mm starke PVC-Folie aus dem Gartencenter. Sie benötigen bei gängiger Folienbreite von vier Metern eine Folienlänge von 4,60 m.

Die Menge an Pflanzerde, Blumenerde und Sand richtet sich nach den Gegebenheiten. In diesem Beispiel wurden 200 Liter Blumenerde, 150 Liter Sand und 60 Liter Teicherde verbraucht. Der lehmanteilige Erdaushub wird teilweise in der Uferzone verwendet.

Eine Filtertechnik ist nicht vorgesehen, da es keinen Elektroanschluss im Garten gibt. Eine üppige Bepflanzung soll für klare Verhältnisse sorgen.

Gelb blühen an diesem Teich das Pfennigkraut, die Taglilie 'Stella de Oro', der Gilbweiderich und die Seerose 'Helvola'. Gut passen würde auch Kreuzkraut (z.B. *Ligularia dentata*).

Blaublättrige Herzlilien (*Hosta*), blaublütige Wieseniris (*Iris sibirica*) und Günsel wurden zu sparsam gepflanzt oder zeigten sich nicht dominant genug.

Die Bepflanzung ist abgeschlossen. Der kleine Folienteich ist fertig.

Ein plätschernder Bach

Teichschale mit Bachlauf

Als ‚Heimische Bepflanzung' wurde am Rand Pfennigkraut, Frauenmantel, Mädesuß und Günsel eingesetzt.

Im Wasser stehen eine Kleine Teichmummel, Wasseriris, Wasserknöterich, Hornkraut, und Nadelsimse.

Vor dem Einsetzen der Teichschale wird die Erde passgenau ausgehoben.

Etwas Geduld erfordert das seitliche Einschlämmen der Schale.

Genau betrachtet sind es zwei Projekte. Ein kleiner Schalenteich und ein Bachlauf. Aber ohne ein Basisbecken funktioniert kein Bachlauf. Die Idee eines Bachlaufs kann für viele andere Projekte übernommen werden.

Ich bevorzuge eigentlich eine naturnahe Gestaltung, aber ich konnte der Verlockung nicht widerstehen, statt aufwendiger Foliengestaltung eine Variante mit Fertigelementen zu präsentieren.

Als Basisbecken für dieses Projekt kommt die kleine naturnah geformte Teichschale der Firma Heissner zum Einsatz. Sie ist ca. 120 x 90 x 40 Zentimeter groß und besitzt ein Vo-

Arbeitszeit	6-8 Stunden
Kosten gesamt	350-400 € mit Solarpumpe
Winterhärte	gut
Ergebnis	empfehlenswert

Die Entsorgung von Erdreich kann zu zusätzlichen Kosten führen.

Material

- Teichschale
- 3 Bachlaufschalen
- 20 Kilo Kalkgestein
- 125-150 kg Sand
- 20 Liter Teicherde
- 60-80 Liter Blumenerde
- Plane für Erdzwischenlagerung
- Bepflanzung

Werkzeug

- Schubkarre
- Wasserwaage
- Markierungshölzer
- Zollstock
- Spaten
- Harke
- Spitzhacke
- Wasserschlauch oder Gießkanne
- Handschuhe
- Pflanzschaufel
- Kniepolster
- Sammeleimer für Abfälle

lumen von ca. 120 Litern. Diese Teichschale weist verschiedene Pflanzzonen aus. Das ist für die Bepflanzung gut, erschwert aber etwas den Einbau. Denn die verschiedenen Ebenen der Teichschale sind im Erdreich nur schwerlich passgenau nachzubilden. Das ist nicht tragisch, man benötigt nur mehr Zeit und mehr Sand für das Anpassen und Einschlämmen der Schale.

Allgemein ist es bei Hanglage optisch günstig, das Wasserbecken etwas in den Hang einzuarbeiten. Einen Teil des Erdaushubs habe ich im Gefälle unterhalb der Schale angefüllt.

Das Verlegen der Bachlaufschalen ist einfach und mit ein wenig Geschick und Gestein ist es sogar möglich, kleine Pflanzzonen auf den Schalen zu gestalten. Der Pumpenschlauch (stabiler Gartenschlauch) ist nahe am Rand der Teichschalen verlegt und endet mit Steinen kaschiert in der obersten Teichschale. Die geplanten Einlässe in den Schalen habe ich nicht benutzt.

Als Thema habe ich eine heimische Bepflanzung gewählt. Hier gibt es viele attraktive Pflanzen, die gerne von unseren Insekten besucht werden. Die Auswahl ist groß. Die Anpflanzung auf den Teichschalen war leider nicht von Dauer. Vögel verwendeten das Milzkraut zum Nestbau.

Eine Besonderheit ist die solarbetriebene Pumpe für den Wasserlauf. Das Solar-Teichpumpen-Set schafft eine Wasserbewegung bis ca. 170 Zentimeter Höhendifferenz. Es kann aber auch ein Wasserspiel mit der Pumpe betrieben werden. Der Höhenunterschied in meinem Projekt beträgt ca. 100 Zentimeter und bei Sonnenschein entsteht ein kräftiger Wasserfluss. Die Pumpenleistung wird mit max. 10 Watt angegeben. Wichtig ist, dass die Solarzelle, die eine Größe von 40 x 25 Zentimetern besitzt, nicht beschattet wird. Das Kabel, das die Solarzelle mit der Pumpe verbindet, ist fünf Meter lang und kann über eine wasserdichte Steckverbindung getrennt werden.

Über Winter werde ich die Solarzelle sicherheitshalber trockenstellen, die Pumpe kann in 40 Zentimeter Wassertiefe überwintern.

Vor der Bepflanzung wird noch die Solartechnik installiert und erprobt.

Der Wassereinlauf wird mit Steinen umbaut. Der Schlauch ist verdeckt.

Technik/Technikeinsatz

- Solar-Teichpumpen-Set
- Ca. 3-5 Meter Gartenschlauch

Erfahrungen

Die Solarzelle sollte durch Blattgrün nicht beschattet werden. Durch die Wasserverdunstung des Bachlaufs ist eine regelmäßige Kontrolle mit Wassernachfüllung notwendig.

Wenn die Pumpe bei Sonnenschein kein Wasser liefert, ist eine Reinigung angesagt.

Im Wasserbecken zeigt die Kleine Teichmummel erste Blüten.

Arbeitsschritte

1. Den Standplatz bestimmen und Höhenunterschiede ermitteln.
2. Die Teichschale mit den Außenmaßen im Erdreich markieren.
3. Das Erdreich mit 5-7 Zentimeter Abstand zur Teichschale ausheben und gegebenenfalls für einen Höhenausgleich hangabwärts verwenden.
4. Die Reste des Erdaushubs auf einer Plane zwischenlagern.
5. Die Teichgrube nach Steinen und Scherben absuchen.
6. Am Bodengrund eine ca. 5 Zentimeter hohe Sandfüllung vornehmen.
7. Die Teichschale waagerecht einpassen, Abstände kontrollieren und die Schale zu einem Drittel mit Wasser füllen.
8. Die Teichschale halbhoch mit Sand und Wasser einschlämmen.
9. Mit der Wasserwaage die Lage nochmals kontrollieren und gegebenenfalls korrigieren.
10. Die Teichschale bis zu den Pflanzzonen mit Wasser füllen.
11. Die Teichschale von außen bis zu 90 Prozent mit Sand einschlämmen.
12. Die Obere Pflanzzone der Teichschale mit Teicherde auffüllen, die Bepflanzung vornehmen und die Erde gut festdrücken.
13. Das Wasser bis zum Schalenrand auffüllen.
14. Mit Blumenerde das Erdreich um die Schale herum auffüllen.
15. Die Erdarbeiten für die Bachlaufschalen vornehmen und Schalen grob einpassen.
16. Die Bachlaufschalen von unten nach oben mit leichtem Gefälle in Sand einsetzen.
17. Das Solar-Teichpumpen-Set installieren. Die Wasserverbindungen mit einem Stück festem Gartenschlauch herstellen.
18. Das Schlauchende mit Steinen in der obersten Schale sichern.
19. Einen Probelauf vornehmen.
20. Den Gartenschlauch knapp neben den Schalen im Erdreich verlegen.
21. Die Blumenerde neben den Teichschalen zur Bepflanzung verteilen.
22. Unterschiedlich große Steine als zusätzliche Dekoration oder Flussbegrenzung auf den Schalen positionieren.
23. Das Kabel zu der Solarzelle sinnvoll verlegen.
24. Die Bepflanzung vornehmen.
25. Die Rest-Erde entsorgen.

Romantisch im Schatten –

Teichschale mit Fischbesatz

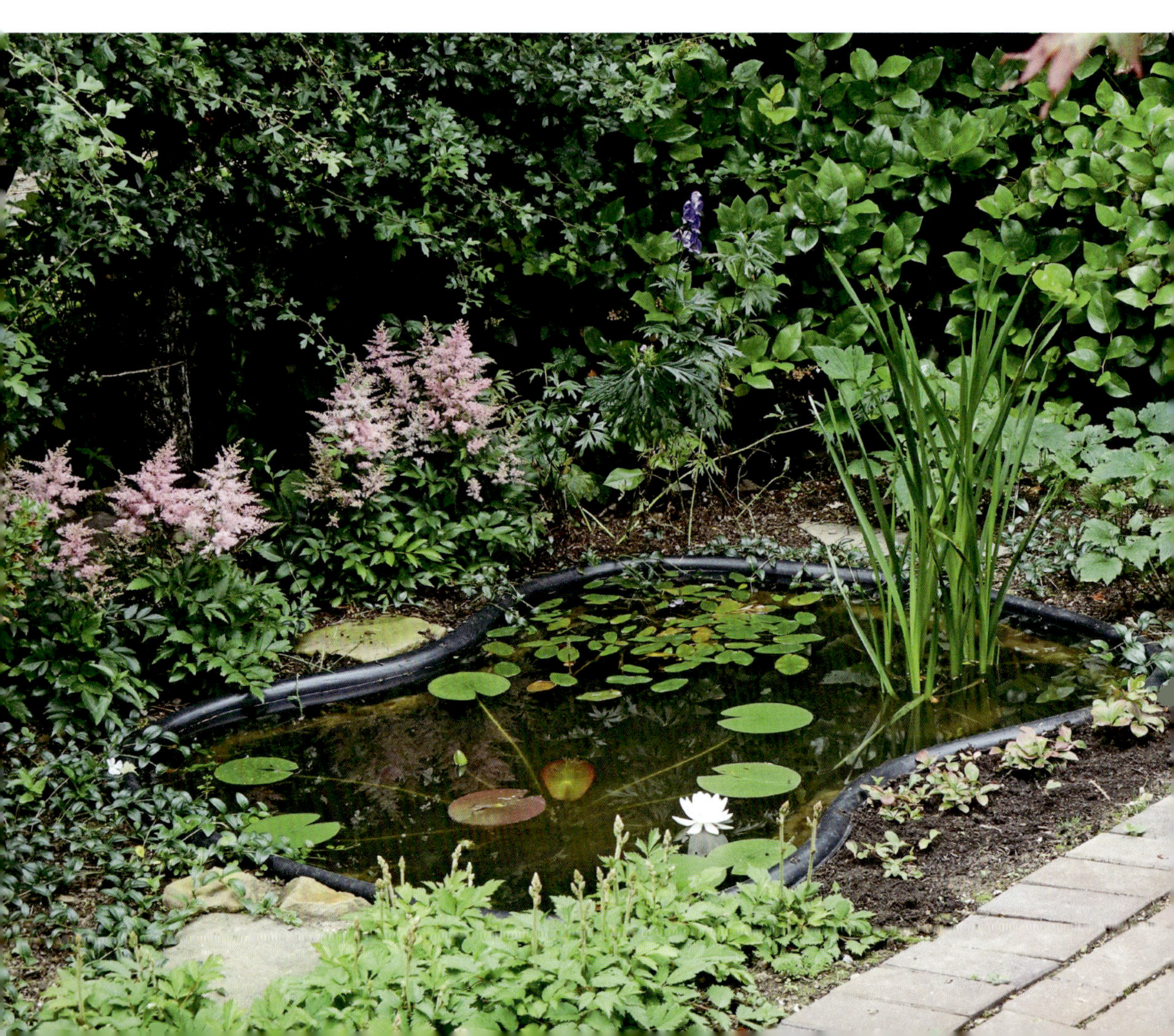

Für dieses Gartenteichprojekt habe ich eine Stelle im Garten gewählt, die im Sommer nur ca. 2 Stunden lang eine direkte Sonneneinstrahlung anbietet.

Eingesetzt ist eine organisch geformte Teichschale mit 1.000 Liter Volumen. Die Größe ist 224 x 150 Zentimeter mit einer Tiefe von 70 Zentimetern. Die umlaufende Pflanzzone im Randbereich fällt etwas schmal aus, aber dafür ist diese einfache Schalenform leicht dem Erdreich anzupassen. Schalen mit vielen unterschiedlich hohen Pflanzzonen sind arbeitsintensiver einzubringen. Mit Ziegeln oder anderen nicht schwimmfähigen Materialien kann man leicht die gewünschte Pflanzhöhe unter Wasser herstellen. Bei diesen Maßen der Teichschale ist auch ein Fischbesatz mit Moderlieschen und Goldelritzen möglich.

Langfristig sollen das Immergrün (*Vinca* 'Alba') und der Kanadische Hartriegel (*Cornus canadensis*) den Teichrand überdecken. Der Kanadische Hartriegel wurde in Blumenkästen ohne Ablauf (im Sumpfbeet) gepflanzt.

Im Umfeld sind unterschiedlich hoch wachsende Astilben und Japanische Anemonen gepflanzt. Im Wasser sind Igelkolben, Laichkraut und Wasserpest eingesetzt worden.

Material

- Teichschale
- 100-150 kg Sand
- 40-60 Liter Teicherde
- 80-100 Liter Blumenerde
- Plane für die Erdzwischenlagerung von Erdaushub
- Bepflanzung

Werkzeug

- Schubkarre
- Wasserwaage
- Richtlatte
- Markierungshölzer
- Zollstock
- Spaten
- Harke
- Spitzhacke
- Wasserschlauch und Gießkanne
- Handschuhe
- Pflanzschaufel
- Kniepolster
- Sammeleimer für Abfälle

Hier ist die Teichschale größer und tiefer als im vorhergehenden Beispiel, also noch mehr Aushub, der beseitigt werden muss.

Arbeitszeit	6-8 Stunden
Kosten gesamt	350-400 €
Winterhärte	gut
Ergebnis	empfehlenswert

Die Entsorgung von Erdreich kann zu zusätzlichen Kosten und mehr Zeitaufwand führen! Ca. 12 Schubkarren Erdaushub müssen untergebracht oder entsorgt werden.

Als Seerose habe ich die heimische *Nymphaea candida* eingesetzt. Aber z. B. auch *N.* 'James Brydon', *N.* 'Froebeli', *N.* 'Berthold' und die kleine *Nymphaea tetragona* vertragen eine halbschattige Lage. Dies gilt auch für die Kleine Teichmummel (*Nuphar pumila*).

Probleme gab es an dieser Teichbaustelle mit Wühlmäusen. Ich habe leider Wühlmausköder einsetzen müssen, damit die Pflanzen gut anwachsen können.

Erfahrungen

Mir persönlich ist die Randpflanzzone der Schale zu schmal ausgefallen. Unterwasserpflanzen finden schlecht Halt. Außer den üblichen Problemen mit Nacktschnecken am Gartenteich kümmert der Kanadische Hartriegel. Die Zwergastilbe (*Astilbe chinensis* var. *pumila*) ist sehr empfehlenswert.

Fischbesatz

Kleine Moderlieschen und kleine Goldelritzen ohne Fütterung.

Größere Pumpen besitzen meist integrierte Filter, die zuverlässig das Wasser klären. Es muss nicht zwingend ein Wasserspiel an die Pumpe angeschlossen werden.

Unten: Das Laichkraut ist wüchsig und breitet sich schnell aus .

Technikeinsatz

Das Heissner Unterwasserfilter-Set 3000 wird eingesetzt. Es sorgt für leichte Wasserbewegung und klärt zuverlässig. Der Verbrauch beträgt 33 Watt.

Hier sehen Sie, warum der Igelkolben diesen Namen trägt.

Nymphaea candida ist eine heimische Seerose, die auch etwas Schatten verträgt.

Arbeitsschritte

1. Standplatz bestimmen und Höhenunterschiede ermitteln.
2. Die Teichschale mit den Außenmaßen im Erdreich markieren.
3. Das Erdreich mit 5 bis 7 Zentimeter Abstand zur Teichschale ausheben und gegebenenfalls für einen Höhenausgleich hangabwärts verwenden.
4. Mehrmaliges Überprüfen, ob die Teichschale ohne Anstoßen in den Aushub passt. Dabei die Sandfüllung am Bodengrund berücksichtigen.
5. Die Reste des Erdaushubs auf einer Plane zwischenlagern.
6. Die Grube nach Steinen und Scherben absuchen.
7. Am Bodengrund eine ca. 5 Zentimeter hohe Sandfüllung vornehmen.
8. Die Teichschale waagerecht einpassen und die Abstände kontrollieren.
9. Die Teichschale zu einem Drittel (ca. 20 Zentimeter hoch) mit Wasser füllen.
10. Die Teichschale 30 Zentimeter hoch mit Sand und Wasser von außen einschlämmen.
11. Die Ausrichtung der Schale nochmals mit der Wasserwaage kontrollieren und gegebenenfalls die Lage durch Anheben der Schale und Wasserzufuhr von außen korrigieren.
12. Die Teichschale bis ca. 55 Zentimeter Höhe mit Wasser füllen.
13. Die Teichschale von außen mit Sand und Wasser bis 60 Zentimeter Höhe einschlämmen.
14. Die obere innere Pflanzzone der Teichschale mit Teicherde auffüllen, die Randbepflanzung vornehmen und die Erde gut festdrücken.
15. Mit Leitungswasser die Schale bis zum Rand auffüllen.
16. Bei Bedarf einen Überlauf gestalten.
17. Das Sumpfbeet mit zwei geschlossenen Balkonkästen oder Teichfolie anlegen.
18. Mit Blumenerde das Erdreich um die Teichschale herum auffüllen.
19. Die Bepflanzung im und um den Teich vornehmen.
20. Übergebliebenen Erdaushub entsorgen.

Nymphaea 'Maurice Laydeker', rot-rosa.

Pflanzen

Was ist ein Teich ohne Bepflanzung? Stimmt, er wäre meist eine langweilige Wasserstelle. Es geht ja nicht um Wasserkübel, Schalen etc., sondern diese Materialen sind notwendig, um Wasser zu speichern und einen speziellen feuchten, nassen Lebensraum zu schaffen – ein Lebensraum für Pflanzen und Tiere.

In den Beispielen zeige ich mögliche Pflanzenkombinationen auf, die meine Pflanzenauswahl ergänzen. Es ist kein Qualitätsmanko, wenn Sie auf den Folgeseiten nicht jede Pflanze wiederfinden. Es ist die Qual der Wahl, bei begrenztem Umfang.

Auf hohe Stauden habe ich verzichtet, da sie von den Proportionen her nicht an kleine Teiche passen. Die Einteilung der Pflanzen geschieht nach Lebensbereichen und weiter nach der Wuchshöhe.

Stauden für das Tiefwasser

30 bis 40 Zentimeter Wassertiefe

Als Wassertiefe zählt der Abstand vom Pflanzaustrieb bis zur Wasseroberfläche.

Kleinwüchsige Seerosen

Nymphaea

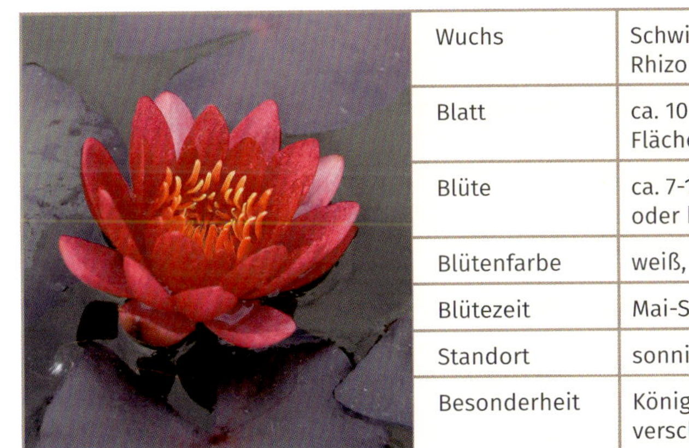

Wuchs	Schwimmplattpflanze, im Boden ankernd, Rhizom kriechend
Blatt	ca. 10 Zentimeter, 50 x 50 Zentimeter Flächenbedarf
Blüte	ca. 7-10 Zentimeter, sternförmig, schwimmend oder kurz über dem Wasser stehend
Blütenfarbe	weiß, rosa, gelb, rot
Blütezeit	Mai-September
Standort	sonnig
Besonderheit	Königin der Wasserpflanzen, verschiedene Sorten

Empfehlenswert sind u. a.:
N. 'Black Princess', schwarzrot, *N.* 'William Falconer', dunkelrot, *N.* 'Perry's Baby Red ', rot, *N.* 'Maurice Laydeker', rot-rosa, *N.* 'Franz Berthold', rosa-weiß, *N.* 'Colorado', rosa-gelb, *N.* 'Karl Wachter', weiß

Seekanne

Nymphoides peltata

Wuchs	Schwimmplattpflanze, im Boden ankernd, Ableger an den Ranken
Blatt	ca. 4-7 Zentimeter, rund
Blüte	ca. 2-3 Zentimeter, kurz über dem Wasser stehend
Blütenfarbe	gelb
Blütezeit	Juni-September
Standort	sonnig
Besonderheit	heimisch, wächst auch tiefer, sauerstoffspendend, geschützt!

Stauden für das Flachwasser

10 bis 30 Zentimeter Wassertiefe

Zwergseerose

Nymphaea tetragona

Wuchs	Schwimmblattpflanze, im Boden ankernd
Blatt	ca. 5-7 Zentimeter, 25 x 25 Zentimeter Flächenbedarf
Blüte/Farbe	weiß-gelb, 2-4 Zentimeter, sternförmig, schwimmend
Blütezeit	Mai-September
Standort	sonnig, 15-30 Zentimeter Wassertiefe
Besonderheit	Königin der Wasserpflanzen, im Winter besser frostfrei absenken!

Empfehlenswert sind: *N. tetragona*, weiß, *N.* 'Helvola', gelb

In kleinen Wassergefäßen haben Seerosen im Winter keine Überlebenschance. Sie können Ihre getopfte Pflanze in einem Eimer mit Wasser frostfrei im Keller, in der Garage etc. überwintern.

Nur ganz selten im Handel ist *N.* 'Pygmaea Rubra' (rot). Häufig werden jedoch ganz andere Seerosen unter diesem Namen angeboten!

Mini-Teich mit *Primula florindae* ‚Carex elata Aurea', *Sagittaria graminea* ‚Crushed Ice', *Hydrocharis morsus-ranae* und *Hydrocotyle sibthorpioides* ‚Crystal Confetti'

Graspfeilkraut

Sagittaria graminea

Wuchs	ca. 30 Zentimeter hoch
Blatt	lanzenförmig, grün, ca. 12 x 4 Zentimeter
Blüte/Farbe	weiß, Rispe, Einzelblüte ca. 1 Zentimeter
Blütezeit	Juni-August
Standort	sonnig, 10-30 Zentimeter Wassertiefe
Ausbreitung	gut, über Erdknollen
Besonderheit	bildet Unterwasserblätter

Asiatische Sumpfschwertlilie

Iris laevigata

Wuchs	ca. 40-60 Zentimeter hoch
Blatt	schmal, schwertförmig, hellgrün
Blüte/Farbe	meist blau, ca. 8 x 8 Zentimeter, 2-4 pro Stängel
Blütezeit	Mai-Juni
Standort	sonnig, 0-10 Zentimeter Wassertiefe
Besonderheit	robust, es gibt viele Sorten auch in anderen Farben und Formen

Hechtkraut

Pontederia cordata

Wuchs	40-60 Zentimeter hoch
Blatt	herzförmig lang, grün, ca. 20 x 8 Zentimeter
Blüte/Farbe	blau, Rispe, Blüten klein, zahlreich
Blütezeit	Juli-August
Standort	sonnig, warm, 20-25 Zentimeter Wassertiefe
Besonderheit	darf nicht komplett einfrieren

Wasserschwertlilie
Iris pseudacorus

Wuchs	ca. 60-100 Zentimeter hoch
Blatt	schmal, schwertförmig
Blüte/Farbe	gelb, ca. 9 x 9 Zentimeter, 2-4 pro Stängel
Blütezeit	Mai-Juni
Standort	sonnig, 0-15 Zentimeter Wassertiefe
Besonderheit	robust, nährstoffliebend, heimisch

Froschlöffel
Alisma plantago-aquatica

Wuchs	Blüte ca. 120 Zentimeter hoch
Blatt	ca. 30 Zentimeter hoch, 15 x 7 Zentimeter, herzförmig
Blüte/Farbe	weiß, hohe Rispe, kleine Blüten
Blütezeit	Mai-August
Standort	sonnig, 0-15 Zentimeter Wassertiefe
Besonderheit	robust, markanter Blütenstand, heimisch, Selbstaussaat

Schwanenblume, Blumenbinse
Butomus umbellatus

Wuchs	ca. 120 Zentimeter hoch
Blatt	sehr schmal
Blüte/Farbe	rosa, Dolde ca. 12-14 Zentimeter
Blütezeit	Juni-August
Standort	sonnig, ca. 20 Zentimeter Wassertiefe
Besonderheit	nährstoffliebend, heimisch

Teichsimse

Scirpus lacustris 'Variegata'

Wuchs	bis ca. 150 Zentimeter hoch, senkrecht
Blatt	runder Halm, weiß-grün gemustert
Blüte/Farbe	unbedeutend
Blütezeit	Mai-Juli
Standort	sonnig-halbschattig, 5-25 Zentimeter Wassertiefe
Besonderheit	Die variegate Form ist zu bevorzugen, Kübelpflanzung, wuchert!

Hohe Stauden im Wasser benötigen beschwerte oder gesicherte Gefäße, damit sie auch bei Wind nicht umkippen können.

Unterwasser- und Schwimmpflanzen

Solche Pflanzen übernehmen eine klärende Funktion im Wasser, da sie gute Nährstoffverzehrer sind. Sie sind jedoch sehr vital und besitzen einen starken Ausbreitungsdrang.

Froschbiss

Hydrocharis morsus-ranae

Wuchs	Schwimmblattpflanze
Blatt	ca. 3 x 3 Zentimeter groß, rundlich
Blüte/Farbe	weiß, ca. 2-3 Zentimeter
Blütezeit	Juni-August
Standort	sonnig, schwimmend
Besonderheit	wüchsig, bildet Überwinterungsknospen, heimisch

Gemeiner Schwimmfarn

Salvinia natans

Wuchs	Schwimmblattpflanze
Blatt	klein, oval
Blüte/Farbe	unbedeutend
Blütezeit	unbedeutend
Standort	halbschattig-sonnig, schwimmend
Besonderheit	nicht winterhart

Sumpfstauden

ca. 10 Zentimeter Wassertiefe

Für diesen Lebensbereich gibt es eine große Auswahl an attraktiven Stauden. Die Wassertiefe oder der Standort über dem Wasser ist für diese Pflanzen nicht ganz so wichtig. Es gibt Spielräume. Daher stelle ich diese Sumpfpflanzen nach ihrer Wuchshöhe vor. Von niedrig nach hoch!

Pfennigkraut, Münzkraut

Lysimachia nummularia

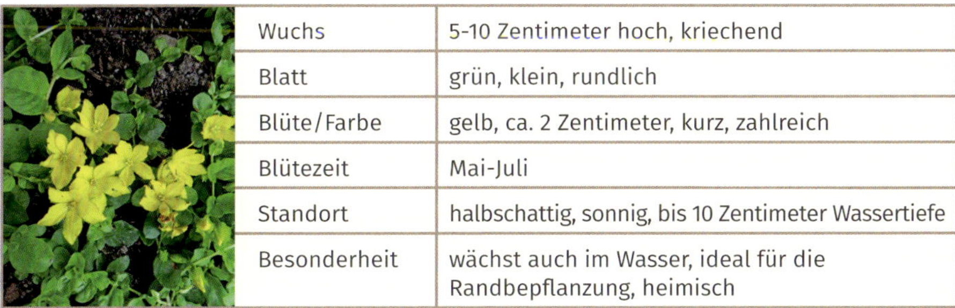

Wuchs	5-10 Zentimeter hoch, kriechend
Blatt	grün, klein, rundlich
Blüte/Farbe	gelb, ca. 2 Zentimeter, kurz, zahlreich
Blütezeit	Mai-Juli
Standort	halbschattig, sonnig, bis 10 Zentimeter Wassertiefe
Besonderheit	wächst auch im Wasser, ideal für die Randbepflanzung, heimisch

Schnittlauch

Allium schoenoprasum

Wuchs	20-25 Zentimeter hoch, Zwiebelgewächs
Blatt	röhrig, hohl
Blüte/Farbe	helllila, ca. 3 Zentimeter, Dolde
Blütezeit	Juni-August
Standort	sonnig, 0 bis +10 Zentimeter Wassertiefe
Besonderheit	schmackhaft, gesund, heimisch

Gauklerblume
Mimulus luteus

Wuchs	20-30 Zentimeter hoch
Blatt	ca. 6 x 3 Zentimeter, behaart
Blüte/Farbe	verschieden, ca. 3 Zentimeter, lippenförmig
Blütezeit	Juni-August
Standort	sonnig, -5 bis +5 Zentimeter Wassertiefe
Besonderheit	nur bedingt winterhart, lang blühend, verschiedene Sorten

Sumpf-Vergissmeinnicht
Myosotis palustris

Wuchs	20-30 Zentimeter hoch, kriechend
Blatt	länglich, ca. 4 x 1 Zentimeter, behaart
Blüte/Farbe	hellblau, ca. 3 mm, klein, zahlreich
Blütezeit	Juni-September
Standort	sonnig-halbschattig, -5 bis +5 cm Wassertiefe
Besonderheit	wintergrün, nährstoffliebend, Boden mit Sand lockern, heimisch

Sumpfdotterblume
Caltha palustris

Wuchs	20-40 Zentimeter hoch
Blatt	ca. 8-10 Zentimeter, rund mit Spreite
Blüte/Farbe	gelb, 3-4 Zentimeter, Dolde
Blütezeit	April-Mai
Standort	sonnig, 0 bis +10 Zentimeter Wassertiefe
Besonderheit	früh und intensiv blühend, heimisch

Wasserminze
Mentha aquatica

Wuchs	20-40 Zentimeter hoch
Blatt	ca. 4 x 2 Zentimeter, Ränder gezackt
Blüte/Farbe	lila, 2 x 3 Zentimeter, Dolde
Blütezeit	August-September
Standort	sonnig, -10 bis +10 Zentimeter Wassertiefe
Besonderheit	als Tee beliebt, gesund, heimisch

Japanische Sumpfschwertlilie
Iris kaempferi

Wuchs	50-100 Zentimeter hoch
Blatt	schwertförmig spitz
Blüte/Farbe	verschieden, ca. 8 x 8 Zentimeter, 2-4 pro Stängel
Blütezeit	Mai-Juni
Standort	sonnig, -5 bis +5 Zentimeter Wassertiefe
Besonderheit	sortenreich in verschiedenen Farben

Mädesüß
Filipendula ulmaria

Wuchs	120-150 Zentimeter hoch
Blatt	ca. 20 Zentimeter, gefiedert
Blüte/Farbe	creme, Rispe mit kleinen Blüten
Blütezeit	Juli-August
Standort	sonnig-halbschattig, 0 bis +10 cm Wassertiefe
Besonderheit	duftend, Bienenweide, heimisch, Selbstaussaat

Blutweiderich

Lythrum salicaria

	Wuchs	80-150 Zentimeter
	Blatt	klein, lanzettförmig an aufrechten verzweigten Stängeln
	Blüte/Farbe	purpurrot-lila, Blütenähre
	Blütezeit	Juni-August
	Standort	sonnig, +10 bis -10 Zentimeter Wassertiefe
	Besonderheit	Bienenweide, anpassungsfähig an den Standort, heimisch, Selbstaussaat

Feuchtbodenstauden

Ich stelle Ihnen hier eine kleine Auswahl an schönen Stauden vor, die gut in den feuchten Teichrand oder das Gartenteichumfeld mit normalem Gartenboden passen. Die Sortierung erfolgt von niedrig nach hoch.

Kriechender Günsel

Ajuga reptans

	Wuchs	10-20 Zentimeter hoch, kriechend
	Blatt	ca. 2 x 3 Zentimeter, oval
	Blüte	klein, zahlreich am Blatt-/Blütenstängel
	Blütenfarbe	blau
	Blütezeit	April-Juli
	Standort	halbschattig, sonnig bei Bodenfeuchte
	Besonderheit	nährstoffliebend, verschiedene Sorten im Handel, heimisch

Bunter Eidechsenschwanz

Houttuynia cordata 'Chameleon'

Wuchs	20-30 Zentimeter hoch, Rhizom kriechend
Blatt	ca. 8 x 5 Zentimeter, pfeilförmig, gemustert
Blüte/Farbe	weiß, ca. 2 Zentimeter, an den Triebspitzen
Blütezeit	Juni-August
Standort	sonnig-halbschattig
Besonderheit	im Sumpf frostgefährdet, attraktiv durch das besondere Blattmuster

Immergrün

Vinca minor

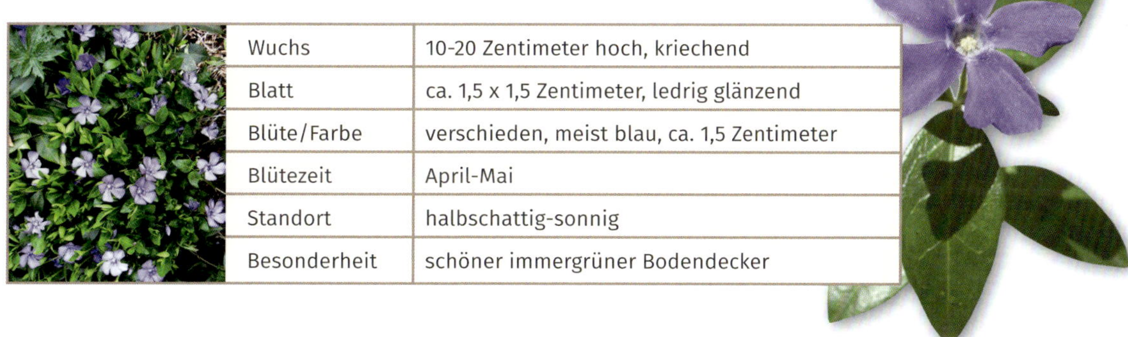

Wuchs	10-20 Zentimeter hoch, kriechend
Blatt	ca. 1,5 x 1,5 Zentimeter, ledrig glänzend
Blüte/Farbe	verschieden, meist blau, ca. 1,5 Zentimeter
Blütezeit	April-Mai
Standort	halbschattig-sonnig
Besonderheit	schöner immergrüner Bodendecker

Bärlauch

Allium ursinum

Wuchs	20-40 Zentimeter hoch, Zwiebelgewächs
Blatt	ca. 15 x 7 Zentimeter, lanzenförmig
Blüte/Farbe	weiß, zahlreich, klein, Blütendolde
Blütezeit	Mai-Juni
Standort	halbschattig-schattig, feuchter Boden
Besonderheit	beliebtes Küchenkraut mit Knoblauchgeschmack, heimisch

Großblättriger Frauenmantel

Alchemilla mollis

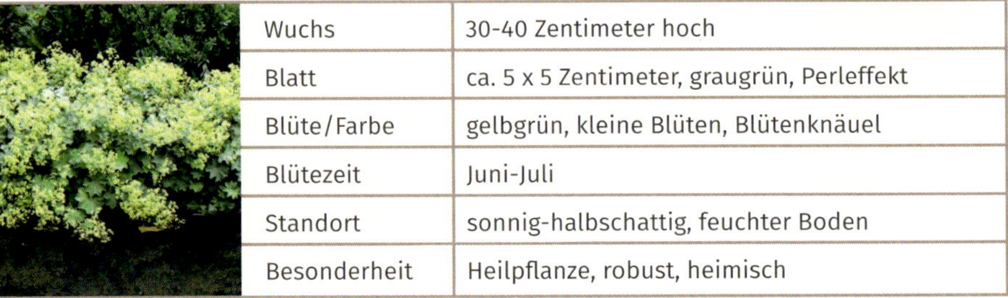

	Wuchs	30-40 Zentimeter hoch
	Blatt	ca. 5 x 5 Zentimeter, graugrün, Perleffekt
	Blüte/Farbe	gelbgrün, kleine Blüten, Blütenknäuel
	Blütezeit	Juni-Juli
	Standort	sonnig-halbschattig, feuchter Boden
	Besonderheit	Heilpflanze, robust, heimisch

Pyrenäen-Storchschnabel

Geranium endressii

Wuchs	20-35 Zentimeter hoch, kriechend	
Blatt	ca. 4 x 4 Zentimeter, handförmig	
Blüte	2-3 Zentimeter	
Blütenfarbe	rosa-hellpink	
Blütezeit	Juni-Juli, mit einer Nachblüte	
Standort	sonnig-halbschattig, normaler bist feuchter Gartenboden	
Besonderheit	guter Bodendecker, robust, teilwintergrün	

Bergenie

Bergenia 'Morgenröte'

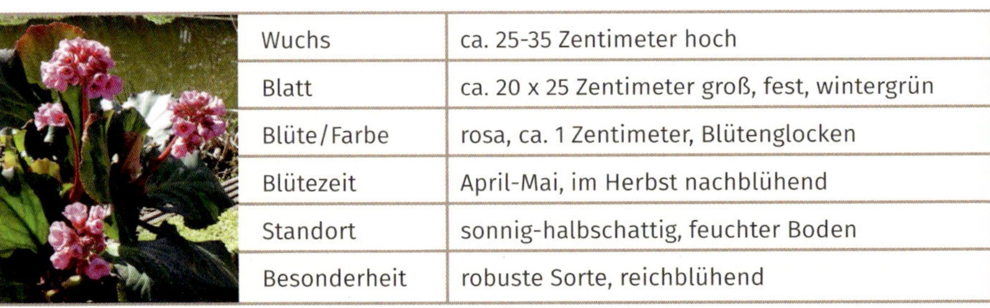

	Wuchs	ca. 25-35 Zentimeter hoch
	Blatt	ca. 20 x 25 Zentimeter groß, fest, wintergrün
	Blüte/Farbe	rosa, ca. 1 Zentimeter, Blütenglocken
	Blütezeit	April-Mai, im Herbst nachblühend
	Standort	sonnig-halbschattig, feuchter Boden
	Besonderheit	robuste Sorte, reichblühend

Herzlilie, Funkie

Hosta

Wuchs	10-100 Zentimeter hoch, sortenabhängig
Blatt	klein-riesig, herzförmig, oft mit Blattmuster, sortenabhängig
Blüte/Farbe	weiß-helllila, 1-6 Zentimeter, Blütenkerze
Blütezeit	Juni-August
Standort	sonnig bis schattig
Besonderheit	auch als Kübelpflanze geeignet, über 200 Sorten im Handel

Prachtspiere

Astilbe

Wuchs	25-120 Zentimeter hoch, sortenabhängig
Blatt	10-30 Zentimeter, gefiedert
Blüte/Farbe	weiß, rosa, lila, rot, Blütenkerze
Blütezeit	Juli-August
Standort	halbschattig, feuchter Gartenboden
Besonderheit	blütenreich, ca. 30 Sorten im Handel

Wiesenschwertlilie

Iris sibirica

Wuchs	70-120 Zentimeter hoch, aufrecht, sortenabhängig
Blatt	schmal, schwertförmig
Blüte/Farbe	blau, weiß, 3-4 pro Stängel
Blütezeit	Juni
Standort	sonnig, feuchter Gartenboden
Besonderheit	ca. 25 Sorten im Handel

Taglilie
Hemerocallis

Wuchs	35-100 Zentimeter hoch, sortenabhängig
Blatt	schmal, schwertförmig, gebogen
Blüte/Farbe	verschieden, auch mit Muster, 5-12 Zentimeter groß
Blütezeit	Mai-August
Standort	sonnig, feuchter Gartenboden
Besonderheit	Jede Blüte öffnet nur für einen Tag, über 200 Sorten im Handel

Schaublatt
Rodgersia

Wuchs	80-120 Zentimeter hoch, sortenabhängig
Blatt	20-30 Zentimeter, gefiedert
Blüte/Farbe	creme-rosa, rispenförmig
Blütezeit	Juni-Juli
Standort	halbschattig, feuchter Gartenboden
Ausbreitung	langsam über Ausläufer
Besonderheit	Blattschmuckstaude

Taglilien sind auch in Parkanlagen häufig in Wassernähe zu finden.

Gehölze

Wenn genügend Platz vorhanden ist, bieten sich auch einige Gehölze als Begleit- und Hintergrundbepflanzung an. Meine Auswahl passt gut zum Thema Gartenteich.

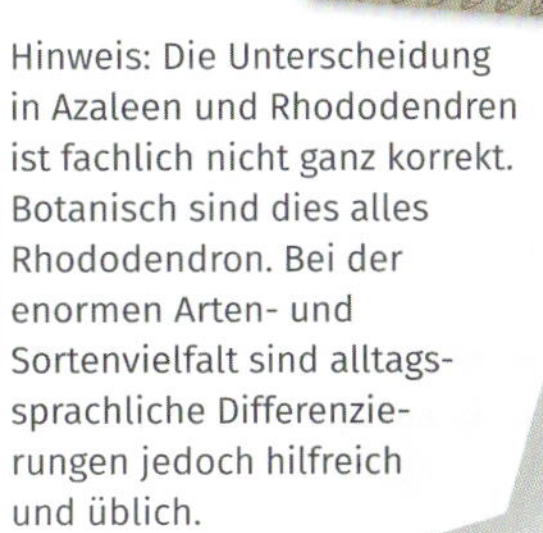

Hinweis: Die Unterscheidung in Azaleen und Rhododendren ist fachlich nicht ganz korrekt. Botanisch sind dies alles Rhododendron. Bei der enormen Arten- und Sortenvielfalt sind alltagssprachliche Differenzierungen jedoch hilfreich und üblich.

Japanische Azalee

Rhododendron obtusum

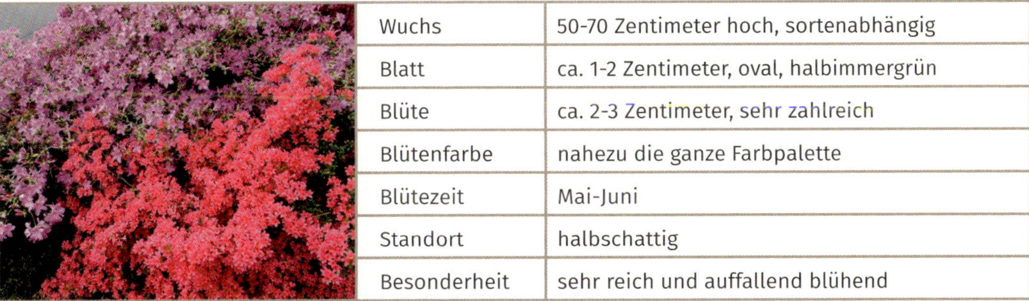

Wuchs	50-70 Zentimeter hoch, sortenabhängig
Blatt	ca. 1-2 Zentimeter, oval, halbimmergrün
Blüte	ca. 2-3 Zentimeter, sehr zahlreich
Blütenfarbe	nahezu die ganze Farbpalette
Blütezeit	Mai-Juni
Standort	halbschattig
Besonderheit	sehr reich und auffallend blühend

Ergänzung:
In der Farbe Blau/Blauviolett blühen *Rhododendron impeditum* (z. B. 'Azurika', 'Blue Tit Magor') und *Rhododendron russatum* (z. B. 'Azurwolke', 'Gletschernacht'). Das sind kleinblättrige, niedrige, aber immergrüne Rhododendren und passen hier gut als Farbergänzung.

Rhododendron

Rhododendron yakushimanum

Wuchs	80-100 Zentimeter, sortenabhängig
Blatt	ca. 4 x 8 Zentimeter, oval, Unterseite bräunlich, immergrün
Blüte	ca. 3-4 Zentimeter groß, zahlreich, Blütendolde
Blütenfarbe	weiß, rosa, gelb, pink, rot
Blütezeit	Mai-Juni
Standort	halbschattig-sonnig, feuchter saurer Boden
Besonderheit	empfehlenswerte wintergrüne Rhododendrenart

Hortensie

Hydrangea

Wuchs	70-120 Zentimeter hoch, artenabhängig
Blatt	ca. 10 x 8 Zentimeter, Form artenabhängig
Blüte	ca. 10-12 Zentimeter, rund, teller- oder rispenförmig, artenabhängig
Blütenfarbe	weiß, rosa, blau, rötlich
Blütezeit	Mai-August
Standort	halbschattig
Ausbreitung	gering, Halbstrauch
Besonderheit	friert im Winter meist etwas zurück, Schnitt im Frühjahr

Beliebte und winterharte Arten sind:
Hydrangea macrophylla, Bauernhortensie;
Hydrangea serrata, Tellerhortensie;
Hydrangea paniculata, Rispenhortensie;
Hydrangea arborescens, Ballhortensie;
Hydrangea sargentiana, Samthortensie;
Hydrangea petiolaris, Kletterhortensie;
Hydrangea quercifolia, Eichblättrige Hortensie

Von den ersten vier genannten Arten sind eine Vielzahl an unterschiedlichen Sorten im Handel erhältlich.

Hinweis: *Hydrangea macrophylla* und *Hydrangea serrata* reagieren auf den pH-Wert im Boden mit unterschiedlichen Blütenfarben.

Tiere

Auch ökologisch sind Wassergefäße auf der Terrasse oder dem Balkon sinnvoll. Hier sind häufig Vögel zu beobachten, die eine solche Wasserstelle zur Reinigung oder als Tränke nutzen. Auch unterschiedliche Insekten kommen gerne und landen auf Schwimmblättern.

Zanken sich diese beiden Spatzen um den besten Platz?

Fische

Fischhaltung ist nur in Gartenteichen ab ca. 500 Liter Wasservolumen und einer Teichtiefe von 40 bis 50 Zentimetern möglich. Der Teich darf im Winter nicht durchfrieren, um genügend Überlebensraum zu bieten.

Elritze (*Phoxinus phoxinus*).

Für kleine Gartenteiche sind allenfalls kleinwüchsige Fische möglich, mit einer Körperlänge bis max. 12 Zentimeter. Da ist das Moderlieschen (*Leucaspius delineatus*) oder die Elritze (*Phoxinus phoxinus*) ein geeigneter Fischbesatz. Ansprechend orange gefärbt ist die Goldelritze (*Pimephales promelas*), die aus Nordamerika stammt, aber mit unserer heimischen Elritze nicht verwandt ist.

Die beliebten Goldfische Shubunkin, Sarasa oder Koi werden zu groß und passen nicht in kleine Gartenteiche.

Moderlieschen (*Leucaspius delineatus*).

Kröten laichen nur in großen Gartenteichen. Man bemerkt sie kaum

Kleine Wasserstellen bevorzugt der Teichmolch. Leider sind die nachtaktiven Tiere nicht oft sichtbar.

Kröten und Frösche

Amphibien kehren zum Ablaichen meist nur in das Gewässer zurück, in dem sie groß geworden sind. Daher kommt es eher selten vor, dass Sie im Frühjahr Laichknoten (Frösche) oder Laichschnüre (Kröten) im kleinen Gartenteich entdecken.

Bringen Sie bitte keinen Laich in Ihren Gartenteich ein.

Molche

Wenn das Umfeld passend ist, werden kleine Gartenteiche ohne Fischbesatz gerne von Molchen zur Vermehrung aufgesucht. Die Eiablage erfolgt an Wasserpflanzen unter Wasser. Molche (Teichmolch, Bergmolch, Kammmolch) entdeckt man meist dann, wenn sie zum Luftholen an die Wasseroberfläche kommen. Als nachtaktive Amphibien sind sie eher unscheinbar. Wie Kröten verlassen die Molche nach dem Ablaichen das Wasser und kehren in ihren üblichen Lebensraum zurück. Alle Molcharten sind geschützt.

Wasserschnecken

Schneckenlaich haftet gerne an Unterwasserpflanzen oder an der Unterseite von Schwimmblättern. Wasserschnecken ernähren sich von Algen oder absterbendem Grün und gehören in jeden Gartenteich oder größeren Wasserkübel. Beliebt und schön geformt ist die Posthornschnecke. Markant und nützlich ist auch die Sumpfdeckelschnecke. Die meisten Schlammschnecken bleiben klein und sind nur bei genauer Beobachtung zu entdecken. Spitzschlammschnecken werden jedoch groß und hinterlassen unschöne Fraßspuren an den jungen Trieben von Wasserpflanzen. Sie sind daher weniger empfehlenswert.

Posthornschnecken laichen bevorzugt unter Schwimmblättern ab.

Libellen

Die Paarung dieser Adonislibellen ist vollzogen, gleich erfolgt die Eiablage an den Schwimmblattpflanzen.

Es gibt zahlreiche Libellenarten, die gerne größere Gartenteiche mit horizontalem Bewuchs zur Eiablage aufsuchen. Als Larven leben sie mehrere Jahre im Wasser, um dann einen kurzen Sommer lang als Insekt unsere Aufmerksamkeit zu bekommen. Libellen sind als Flugkünstler interessant zu beobachten und die Paarung ist ein besonderes Schauspiel. Libellen sind in allen Entwicklungsstadien geschützt, und viele Arten sind vom Aussterben bedroht.

Libellen können bis 10 Zentimeter groß werden und sind nicht menschenscheu. Sie besitzen keinen Stachel und sind vollkommen ungefährlich!

Mückenlarven und Mücken

Häufig wird als Argument gegen einen Gartenteich eine drohende Mückenplage angeführt. Ist ein Gartenteich jedoch einmal ‚eingefahren', haben Mückenlarven keine Überlebenschance. Denn nicht nur Fische, sondern auch die Larven von Libellen und Molchen mögen die Mückenbrut und machen klar Schiff. Aus meiner Sicht wird das Mückenproblem überbewertet.

Im Extremfall können Sie die Mückenlarven mit einem feinen Küchensieb abfischen.

Gäste am Wasser

Vögel reinigen hier ihr Gefieder und trinken. Das bewegte Leben am Gartenteich lockt Katzen an. Gartenteich und Katzen passen leider nicht so gut zusammen. Amphibien werden von ihnen aufgespürt und gequält, Libellen werden gejagt, gefangen und gefressen, Vögel beim Baden belauert und verjagt. Hunde sind da entspannter. Sowohl Hunde als auch Katzen trinken gerne das chlorfreie Gartenteichwasser.

Frühjahrsblüher ziehen besonders Bienen an und sind wertvoll.

Hat sich ein Frosch im Gartenteich angesiedelt, steht er automatisch unter Naturschutz.

Teich- und Wasserpflege

Am wichtigsten sind folgende Messgrößen:

- pH-Wert
- Karbonathärte (°KH)
- Nitratgehalt (NO_3)

Der pH-Wert des Wassers sollte in einem Gartenteich zwischen 7 und 7,5 liegen. Das entspricht in etwa unserem Leitungswasser (meist 7,5-8,5). Regenwasser ist sauer und hat einen pH-Wert von etwa 6-6,5. Das kann man nutzen, um den pH-Wert gegebenenfalls zu senken. Durch Zugabe von z. B. Dolomitkalk kann man den pH-Wert erhöhen.

Über Messstreifen lässt sich die Wasserqualität grob bestimmen.

Für Tiere und Pflanzen im Wasser ist es wichtig, dass sich der pH-Wert nicht zu stark und zu plötzlich verändert.

Die **Karbonathärte** (°KH) sollte zwischen 4 und 6 Härtegraden liegen. Sie ist wichtig, weil sie dafür sorgt, dass der pH-Wert nicht zu stark schwankt.

Ich benutze Natron (Natriumhydrogencarbonat), um die Karbonathärte im Wasser zu erhöhen. Eine Verringerung der Wasserhärte ist durch die Zugabe von Regenwasser möglich.

Nitrat (NO_3) gelangt über Düngemittel in unser Trinkwasser und damit meist auch in den Gartenteich. Dieser Schadstoff im Wasser sollte möglichst niedrig sein und darf bei Trinkwasser 50 mg pro Liter nicht überschreiten. Mein Leitungswasser in Wuppertal hat 19 mg/Liter Nitrat. Das ist prima. Jedoch fördern bereits kleinste Spuren (oberhalb von 0,04 mg) das Algenwachstum im Gartenteich. Jetzt verstehen Sie, warum sich Algen bilden und ein Wasserwechsel mit Leitungswasser keinen

Sinn macht. Man muss einfach abwarten, bis Unterwasserpflanzen oder Algen die Nährstoffe im Wasser verbraucht haben.

Phosphat (PO_4) entsteht im Wasser durch abgestorbenes Pflanzenmaterial (Verrottungsprozesse) und durch Ausscheidungsprodukte von Fischen.

Der Phosphatgehalt im Wasser sollte 0,1 mg pro Liter nicht überschreiten. Ein Übermaß fördert eine Algenbildung im Wasser. Die Überprüfung ist in Standardtests meist nicht enthalten, aber bei Fischbesatz ratsam.

Regenniederschläge (Saurer Regen) führen unter anderem zu Veränderungen im Gartenteichwasser. Daher ist es sinnvoll, den pH-Wert und die Karbonathärte halbjährlich zu prüfen und anzupassen.

Zur Wasseranalyse werden von verschiedenen Firmen Teststreifen (Aqua-Test) angeboten. Sie erfassen meist: pH-Wert, Gesamthärte, Karbonathärte, Nitrit und Nitrat. Über die farblichen Veränderungen am Teststreifen wird die Wasserqualität annähernd genau ermittelt. 50 Teststreifen kosten ca. 15,- Euro. Genauer als Teststreifen sind Wasser-Testlabore.

Für die Belastung von Wasser mit Schwermetallen gibt es spezielle Tests.

Ein wenig Pflege braucht auch der Miniteich. Wildwuchs im Teichumfeld muss frühzeitig ausgezupft werden und wuchernde Pflanzen insbesondere an der Wasseroberfläche sind im Zaum zu halten. Abgestorbene Pflanzenteile von Wasserpflanzen sollten mit einem Kescher vorsichtig entfernt werden. Das Abschneiden von Pflanzenteilen ist besser als das Abreißen.

Es ist für die Wasserqualität auch gut, wenn eine kleine Pumpe an einer Ecke des Gartenteichs für Wasserbewegung und eine Sauerstoffanreicherung des Wassers sorgt.

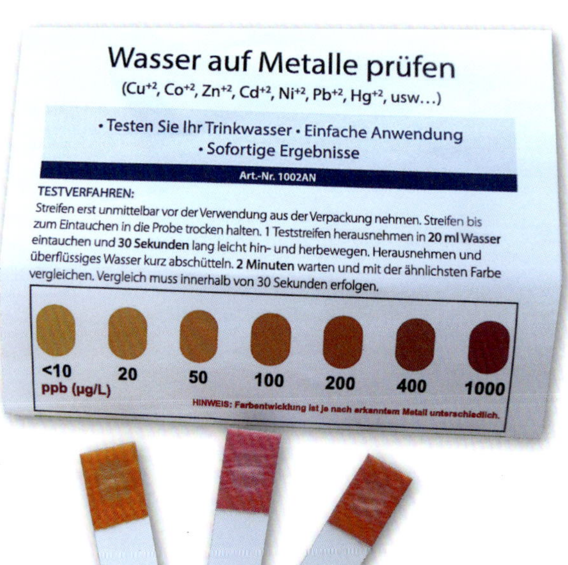

Test auf Schwerbelastungen im Leitungswasser.

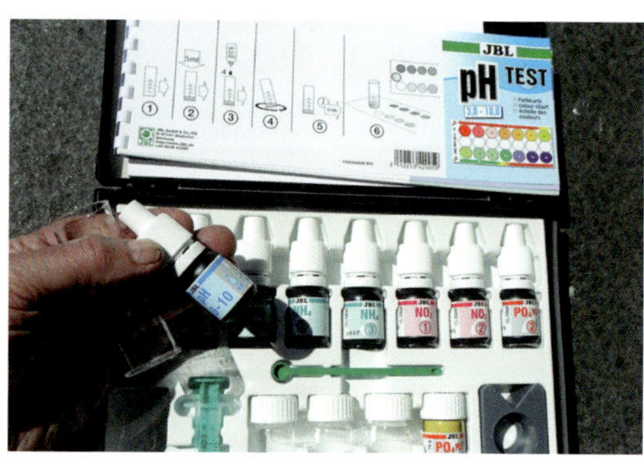

Tropftests sind genauer als Messstreifentests.

Algen können gut auf einen Holzstab gedreht werden.

Blattläuse sind unschöne Sauger.

Algenreduzierung

Insbesondere in Wassergefäßen mit einem hohen Nährstoffangebot durch Pflanzerde kommt es regelmäßig zu Algenbildungen. Mit einem rauen Holzstab kann man grüne Fadenalgen gut aufdrehen und entfernen. In Miniteichen ist es wegen der geringen Wassermenge besonders schwierig, ein sogenanntes „Biologisches Gleichgewicht" zwischen Nährstofferzeugern und Nährstoffverbrauchern herzustellen. Eine Algenbildung zeigt einen Nährstoffüberschuss an. Einige Schwimmpflanzen wie z. B. die Wasserpest (*Elodea*) oder der Wasserschlauch (*Utricularia vulgaris*) sind starke Nährstoffverzehrer. Die Wasserpest ist invasiv und Ableger der Wasserpest gehören in die Mülltonne und dürfen nicht in öffentliche Gewässer eingebracht werden.

Technische Hilfsmittel (Pumpen, Filter) können das Wasser mit Sauerstoff anreichern und Algenbildung unterdrücken.

Schädlinge

Feuchtes Erdreich zieht Nacktschnecken an, die dann mit ihren unschönen Fraß- und Schleimspuren an Blättern, Austrieben und Blüten von Stauden ein Problem sind. Es werden besonders gerne Taglilien und Herzlilien befallen. Mir fällt es nicht schwer, bei leichtem Regen am Morgen ca. 20 Nacktschnecken einzusammeln. Und dann? Schauen Sie am besten im Internet mal unter „Schneckenbekämpfung". Nicht jede Methode gefällt Tierfreunden.

Die Seerosenblattkäfer (*Galerucella nymphaeae*) können von Mai bis August zu Plagegeistern werden. Die Käfer

fliegen ein und legen ihre Eier an der Blattoberseite insbesondere von Seerosen ab. Die sich entwickelnden Larven hinterlassen ausgiebige Fraßspuren auf den Seerosenblättern und schädigen sie.

Am sinnvollsten finde ich eine Zerstörung der Gelege und das Zerdrücken der Larven mit den Fingern. Auf den Einsatz von Pestiziden (Tier- und Pflanzengiften) und Schneckenkorn verzichte ich.

Pflege im Jahreslauf

Frühjahr

Einen kleinen Frühjahrsputz nehme ich Ende März/Anfang April vor. Jetzt erst schneide ich das abgestorbene Laub an den Stauden ab. Es ist die richtige Jahreszeit, um Stauden zu teilen, neu zu pflanzen und Umgestaltungen vorzunehmen.

Teichschlamm kann zuverlässig mit diesem Profisauger entfernt werden.

Mit dem Kescher kann Grobes entfernt werden.

Im April nehme ich eine Düngung der etablierten Sumpf- und Wasserpflanzen mit harzgebundenen Düngekegeln vor. Die Teichrandbepflanzung bekommt einen organisch-mineralischen Volldünger.

Sommer

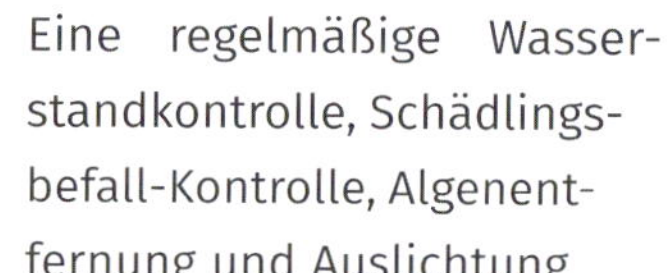

Eine regelmäßige Wasserstandkontrolle, Schädlingsbefall-Kontrolle, Algenentfernung und Auslichtung

Wasser muss im Sommer regelmäßig nachgefüllt werden.

von Schwimmblattpflanzen sind in dieser Jahreszeit notwendig.

Herbst

Blütenstiele und Staudenlaub lasse ich stehen und erfreue mich an Reif und Blattverfärbungen. Im Spätherbst hole ich mit einem grobnetzigen Kescher vorsichtig eingefallenes Laub aus dem Wasser.

Achten Sie dabei auf Kleintiere (z.B. Schnecken, Libellenlarven), die dann wieder ins Wasser gesetzt werden. Nicht winterharte Stauden werden frostsicher untergestellt.

Winter

Durch Frost stirbt das Staudenlaub am Gartenteich ab. Ich entferne es nicht, sondern akzeptiere es als einen natürlichen Frostschutz für den Winter. Oftmals ergeben sich auch schöne Winteranblicke mit abgestorbenen Blütenständen.

In meinen kleinen Gartenteichen verwende ich keine künstlichen Eisfreihalter. Ein Bündel Halme, schräg eingebracht, könnte aber sinnvoll sein.

Technische Geräte im frostfreien Wasser können dort verbleiben. Wasserfilter im Freien oder in frostgefährdeten Bereichen sind zu entwässern und sollten frostfrei gelagert werden. Seerosen im Flachwasser sollten gegen ein Durchfrieren tiefer absenkt werden.

Wassergefäße überwintern

Bei Wasserkübeln sind die Pflegearbeiten einfacher auszuführen. Hier ist es wichtig, vor dem Winter Eisdruckpolster einzubringen. Kleinere Wassergefäße können im Winter ganz durchfrieren. Das sollte vermieden werden, denn nur wenige Wasserpflanzen überleben das und auch manche Gefäße reißen auf. Seerosen in kleinen Gefäßen sollten in größeren Behältern abgesenkt werden. Sie sterben ab, wenn das Rhizom einfriert.

Selbst hergestelltes Frostdruckpolster.

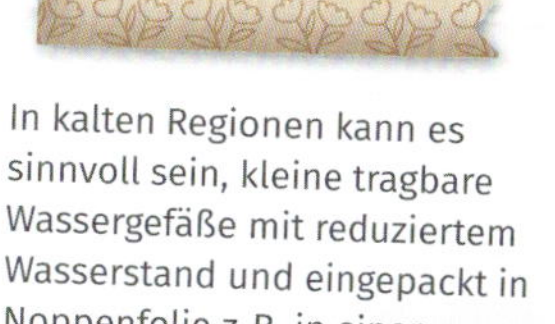

In kalten Regionen kann es sinnvoll sein, kleine tragbare Wassergefäße mit reduziertem Wasserstand und eingepackt in Noppenfolie z.B. in einer Garage zu überwintern.

Stichwortregister

Das Koi-Handbuch